Retour au pays natal

Graveurs de Mémoire

Cette collection, consacrée essentiellement aux récits de vie et textes autobiographiques, s'ouvre également aux études historiques

*

La liste des parutions, avec une courte présentation du contenu des ouvrages, peut être consultée sur le site *www.harmattan.fr*

Mario Blaise

Retour au pays natal

Haïti, Petit-Goâve

L'HARMATTAN

DU MÊME AUTEUR

Le Flamboyant, récit, éditions L'Harmattan 2002
Les Tribulations d'un Haïtien de la diaspora, roman historique, Dauphin Noir éditions 2005
Désir d'Ailleurs, chroniques de voyage, éditions Le Manuscrit 2007
Les Tribulations d'un Haïtien de la diaspora, roman historique, version revue et actualisée, éditions Le Manuscrit 2008

© L'HARMATTAN, 2013
5-7, rue de l'École-Polytechnique ; 75005 Paris

http://www.librairieharmattan.com
diffusion.harmattan@wanadoo.fr
harmattan1@wanadoo.fr

ISBN : 978-2-336-29172-7
EAN : 9782336291727

À tous mes Disparus, incinérés, enterrés, décomposés.

Je tiens à remercier tout particulièrement mon ami Odilon et sa femme Ariane qui m'ont facilité la redécouverte du pays.

« L'éternité n'est guère plus longue que la vie. »

René Char

AVANT- PROPOS

UN MAIL D'OTTAWA

Bonjour Mario,

Il est 2:25 a. m. à Ottawa (la chère capitale du Canada) et je n' arrive pas à m'endormir.
Je ressasse les souvenirs de Petit-Goâve, mon enfance ; et des noms reviennent à ma mémoire, des visages et je n'arrive toujours pas à m'endormir.
Des noms de camarades d'enfance, de camarades de classe de Petit-Goâve s'imposent à moi.
Allons, me dis-je , c'est le moment de dormir ; et malgré moi, j'entends les noms de Mario Blaise, de sa sœur Michou.
Je saute en bas du lit, je vais à mon ordinateur portable et je décide de chercher sur le Net les nom et prénom de Mario Blaise. Et voilà, c'est ainsi que j ai découvert ton blog, des photos de Petit-Goâve qui réveillent mon enfance.
Salut Mario, c'est Lionel Nazaire, oui le fils du professeur Nazaire qui enseignait en 11e année, juste l'année après la classe du professeur Magloire.
Depuis l'âge de 20 ans, je vis au Canada et je suis né en 1943 comme toi à Petit-Goâve…

Forward ! En avant ! Adelante !

VLN

Ce mail enthousiaste et nostalgique du Canada continue à me faire chaud au cœur. Combien j'ai été ému de retrouver Victor Lionel. Nous avons correspondu longuement et continuons à le faire, avec beaucoup de plaisir. Sur la photo qu'il m'a adressée par la suite, j'ai retrouvé le visage souriant de l'adolescent que j'avais quitté. Il avait tout juste pris de l'âge. Je l'aurais reconnu sans peine au milieu d'une foule très dense. Il m'a appris ce qu'était devenu son père après avoir quitté l'École des Frères. Et j'ai eu le sentiment d'avoir accompagné notre instituteur jusqu'à la fin de sa vie. Le professeur Nazaire eut à tout moment le cœur à l'ouvrage avec le souci constant de transmettre son savoir. Alors même qu'il était retraité, il continua à dispenser des cours du soir à Port-au-Prince. Pour lui, "l'instruction est une richesse que l'on transporte partout avec soi, une richesse impérissable, à l'épreuve du feu".

Victor Lionel m'apporta son propre témoignage sur l'époque de notre petite enfance, témoignage illustré de quelques anecdotes. De regroupements en regroupements, nous arrivâmes à compléter des souvenirs ou à en reconstituer d'autres. Il ignorait par exemple que Mathilde, leur vieille voisine et amie de la rue Saint-Paul, était ma grand-tante, la sœur de Papy Théo, mon grand-père paternel. Il passait souvent la nuit chez elle quand le père se rendait à Port-au-Prince visiter la maman. Les domestiques de tante Mathilde lui racontaient souvent des histoires de zombies qui l'empêchaient de dormir. Nous évoquâmes des noms d'anciens camarades de l'École des Frères et constatâmes que nous avions en fait peu d'informations sur le devenir de la plupart d'entre eux. Parti lui aussi très jeune du pays, Victor Lionel se dit traumatisé par la dictature et ne se sent pas en mesure de retourner un jour en Haïti. J'ai quand même émis la proposition que nous pourrions nous retrouver à trois ou quatre en un lieu choisi. Puisque notre pays natal semble écarté, une rencontre en République Dominicaine serait possible. L'idée chemine.

PREMIÈRE PARTIE

NATIF NATAL TI-GOÂVE[1]

---
[1] Originaire de Petit-Goâve.

1

RETOUR AUX SOURCES

Combien de fois ai-je pensé à retourner à Petit-Goâve ? Combien de fois ai-je remis ce projet à d'autres lendemains ? Indifférence ? Non. Pleutrerie face à l'insécurité qui règne dans le pays ? Je sentais bien que ce ne serait pas pour moi une simple escapade, un quelconque voyage d'agrément mais un acte on ne peut plus invasif.

Bon. J'y suis enfin et je déambule dans la rue Lamarre, sous une chaleur accablante, transpirant abondamment. Quand j'étais gamin, je me moquais comme de ma première chemise de savoir qui était Lamarre. Ce n'est que fort tard que j'ai appris l'héroïque histoire de celui qui légua son nom à la rue où j'avais habité et aussi à l'École Nationale des Garçons située à un bloc de notre maison.

Borno Lamarre naquit ici à Ti-Goâve en 1775. À l'âge de vingt-huit ans, pendant la guerre de l'Indépendance, ce jeune officier abattit la potence installée par les Français sur la Place d' Armes et la jeta à la mer. Quand débarqua plus tard la garde d'honneur de Rochambeau composée de huit-cents hommes avec une cinquantaine de chiens dressés, Lamarre qui portait une ceinture d'osselets en guise de pare-balles, mit le feu à la ville, et à partir du Fort Liberté, infligea le 30 mars 1803 une cuisante déroute aux troupes françaises. Le jeune officier fut alors promu colonel par Lamour Dérance, bras droit de Dessalines, et ensuite commandant de la fameuse $24^{\text{ème}}$ demi-brigade.

Aujourd'hui, je ne saurais dire mon âge. J'ai tantôt dix à douze ans, tantôt soixante de plus. Sans doute parce que mon environnement est atemporel en ce sens que les images des années 50 interfèrent avec celles de maintenant car ma mémoire reconstruit spontanément les belles maisons à étage d'antan, les *chanmottes*, avec leurs balcons et leurs balustrades finement ciselées. Pourtant, devant moi s'étale un vide désespérant, angoissant. Je suis bien forcé de constater les dégâts. Petit-Goâve étant bâtie sur un terrain sédimentaire, les tremblements de terre sont particulièrement dangereux. Il y en a eu d'importance dans l'histoire de la ville et beaucoup de secousses significatives.

Les historiens essaient de relativiser en rappelant que la ville du Cap-Haïtien, dans le Nord du pays, complètement détruite par le tremblement de terre du 7 mai 1842 puis incendiée et pillée, renaquit de ses cendres. Petit-Goâve n'a-t-elle pas déjà été incendiée et détruite en 1902 à la suite des affrontements entre les partisans du général Nord Alexis, Tonton Nord, et son challenger Anténor Firmin ? Mais, mais… le dernier séisme ne fut que le coup de grâce qui anéantit une ville déjà moribonde. À la rue Lamarre, les *spéculateurs* ou acheteurs de café au détail avaient déjà plié balance, les quatre épiciers avaient fermé boutique il y avait belle lurette. La levée du drapeau aux casernes Soulouque n'était plus qu'un lointain souvenir depuis que l'armée avait été démantelée et remplacée par la Police Nationale abritée dans des immeubles d'un bleu et d'un blanc ternes. Des deux rangées de palmiers royaux qui bordaient l'entrée des casernes, il ne reste qu'un seul survivant.

Il fait une température étouffante. Je suis debout devant l'emplacement de la maison familiale d'Odilon, mon ami-cousin. C'est ici qu'il a grandi. Il est celui que j'ai toujours connu et fréquenté. Il partit faire des études de médecine en France et revint ensuite à Port-au-Prince. Pendant de longues années, après que sa famille eut quitté Petit-Goâve, la maison abrita à titre gracieux une école primaire. Elle finit par être vendue. Goudougoudou, nom populaire donné au tremblement de terre de janvier 2010, ne l'a pas épargnée. Elle fut complètement détruite. Solidement incrusté au sol, en plein milieu du terrain vague, il ne reste qu'un mètre carré de carrelage ayant appartenu à l'ancien salon. Aujourd'hui est le soixante neuvième anniversaire de mon ami. Notre première rentrée scolaire commune paraît très lointaine. Le temps n'est plus où j'étais invité tous les ans au repas familial en compagnie de Coucou, de Mancine, de Mamym et de ses deux sœurs Armelle et Fréda. Je savoure à la fois le souvenir de ces doux moments et le bien-être d'une amitié qui perdure.

Le grand-père que je suis devenu pénètre dans les cours où il a passé une bonne partie de sa petite enfance, à la recherche chimérique des rosiers, des cerisiers, des manguiers, du cirouellier qui en faisaient un lieu édénique. Tout a changé. Un seul survivant : le manguier *zeu poule* qui appartenait à Armelle. Nous faisons une incursion vers l'emplacement de la petite soute. Adriana, Agathée, Guegen n'y sont plus. Nous avons une pensée pour Boss Ennézime, le cordonnier de l'époque, un vieux monsieur au visage buriné. À partir de cet endroit, l'on peut voir nettement la rue Louverture, parallèle à la rue Lamarre, car les clôtures de jadis sont tombées et toutes les maisons ont sombré. D'après mes renseignements, seul Guegen est encore en vie, perdu dans cette fourmilière qu'est devenue Port-au-Prince. J'espère le retrouver.

Un peu par mon entremise, Odilon a rencontré Mondon l'an dernier à New York, chez sa sœur Fréda. Déjà avant la fin de nos études primaires, Mondon avait disparu de la circulation suite à la mort de son père adoptif, le docteur Stanislas. Était-il parti dans une autre ville ou était-il retourné dans les mornes chez son père biologique ? Je l'ai retrouvé à New York quarante ans plus tard, grâce aux recherches de ma mère. Il y vit encore. Chez Fréda, il y eut de vraies agapes. Je n'y étais malheureusement pas car j'avais déjà prévu un autre voyage à ce moment-là. D'après les échos et aussi les photos qui me sont parvenus, la rencontre fut extrêmement conviviale et émouvante d'autant plus que Armelle, l'aînée des sœurs d'Odilon, était aussi présente. Petit-Goâve était à l'honneur. Mondon, qui n'a pas changé, sut conserver le crachoir pour le plus grand plaisir de tous. Toute une flopée d'anecdotes concernant des Petit-Goâviens refirent surface. Beaucoup de réminiscences et de souvenirs égayèrent l'après-midi. Les beaux-frères d'Odilon eurent la joie de rencontrer enfin cet acteur de notre petite enfance dont ils avaient si souvent entendu parler.

2

DANS CE QUI FUT LA MAISON DE PAPY

D'ici peu, j'aurai mes soixante-dix ans. Ce que je considère comme mon entrée en vieillesse. Pour le symbole, j'ai souhaité revenir à Petit-Goâve où j'ai vécu la petite enfance chez mon grand-père, avec ma mère, mes sœurs et tante Lucette. Après la mort de mon regretté grand-père, qui a de tout temps habité Petit-Goâve, cette maison de la rue Lamarre revint à sa fille aînée Andréa qui possédait à Port-au-Prince un supermarché moderne, le Zénith Market, une entreprise familiale. La halle où Papy, une fois retraité, s'était adonné au commerce de café, de coton et de sisal abrita pendant quelques années une succursale de ce supermarché. La grande balance munie de larges plateaux en bois maintenus par de longues chaînes avait donc disparu de l'horizon. J'ai appris que le rez-de-chaussée originellement fait de briques avait survécu de longues années tandis que l'étage en bois n'avait pas longtemps résisté à la vétusté, aux pluies tropicales, aux différents cyclones. La maison fut finalement rasée et rebâtie. C'est cette construction nouvelle qui est debout, après avoir résisté au tremblement de terre du 12 janvier 2010.

Après une profonde inspiration, j'en franchis le perron d'un pas lourd, le cœur battant. Mon visage s'empourpre. Des frissons froids me traversent le corps. Depuis mon arrivée ici à Petit-Goâve, bien que l'environnement ait complètement changé, je sens la présence des adultes de mon enfance, une forte présence autour de moi. En fait, je les emporte partout où je vais. Ils sont dilués en moi comme le sel est dissout dans l'eau en ne laissant quasiment pas de trace apparente. Disons qu'ici à Petit-Goâve, ils sont omniprésents. Pourtant, à l'occasion de mon prochain anniversaire, mon Papy aurait à coup sûr commandé le traditionnel gâteau de madame Fène. Et au repas de midi, j'aurais eu l'honneur de le découper en qualité de *maître à présent,* selon l'expression consacrée. Comme tous les jours, à l'heure du déjeuner, le grand-père de mon ami Odilon aurait fait son apparition ; il aurait expiré la fumée de son cigare dans les cheveux de ma sœur Dado, et fait semblant de lui ravir son assiette de nourriture. Papy lui aurait dit avec beaucoup d'affection : « Assieds-toi, Fernand. Tu as *monté un bon cheval.* Mange un bout de gâteau avec nous. »

Le scénario auquel je m'attendais est complètement différent. Une immense bâtisse en dur de cinq étages couleur rose bonbon domine tout le quartier. Je pénètre dans un immeuble à usage professionnel et non dans une maison d'habitation. Au rez-de-chaussée, une jeune femme derrière un comptoir. Elle tient un bar sans client pourvu d'une terrasse garnie de tables et de chaises. Il est environ 16h. Je me présente et sollicite une autorisation de visite des lieux. Elle appelle un jeune homme qui, en l'absence du patron, paraît intrigué mais finit par comprendre le pourquoi de ma demande. (Je me suis montré persuasif) Il s'empare d'une trousse de clefs et me demande gentiment de le suivre.

Le premier étage de l'immeuble abrite une station de radio, le second, une chaîne de télévision, le troisième, un centre de formation technique encore en vacances ; les deux derniers étages ne sont pas encore occupés tout comme un certain nombre de pièces destinées à abriter des bureaux. À chaque niveau, des balcons tout autour. L'immeuble est désert. Je me promène presque sans émotion dans ce monstre de béton, qui ne ressemble en rien à la maison que j'ai habitée, faite plutôt de bois avec des pièces immenses et de hauts plafonds. La petite cour à l'arrière de la maison de mon grand-père avait été supprimée et sa surface intégrée à la nouvelle construction.

J'apprends que l'immeuble appartient à un ancien député lavalassien, Les chaînes de radio et de télévision seraient exploitées par l'ex-député que je pourrais rencontrer le lendemain après-midi.

Je photographie les lieux, sous différents angles. À partir des balcons du quatrième étage, je multiplie discrètement les prises de vue sur les rues environnantes, côté montagne, côté mer caraïbe. D'en bas, certaines personnes m'aperçoivent. Il y en a qui se montrent perplexes, d'autres qui se dérobent ostensiblement à la caméra. La population est très jeune. Je ne connais personne et personne ne semble me reconnaître.

Je remercie le jeune homme, la jeune femme qui me regardent avec étonnement. Je continue à traîner dans les alentours, un peu hagard, comme si j'avais été drogué, assommé, comme un zombie. Je venais de découvrir ce qu'était un monde perdu.

3

LA FIN DE VIE DE MON GRAND-PÈRE

Je repense à la fin de vie de mon grand-père maternel. Né en 1878, il était rentré dans sa quatre-vingt-cinquième année. Nous n'avions plus droit à ses longues tirades d'auteurs français. Son grand sens de l'humour, ironique et parfois grinçant, avait disparu. Nous étions privés de son sempiternel appel à la circonspection : « Espagnols sur le toit de la maison ! » Le brillant membre de la Société de Conférence d'Haïti était éteint. Ti Do, comme l'appelaient les rares survivants de sa génération, ne sortait plus. Il ne se rendait même pas deux maisons plus bas chez sa cousine Lisa, la grand-mère d'Odilon. Il se morfondait dans son rocking-chair, espérant la visite de Fernand et sollicitant la compagnie de mes petites sœurs qui restaient souvent à la maison. Sa santé déclinait à vue d'œil. On le transféra un matin à Port-au-Prince. C'était pour moi l'année du baccalauréat. J'ai fait mes classes primaires à l'Ecole des Frères de Petit-Goâve sous la houlette de mon grand-père qui contrôlait leçons et devoirs. Dommage qu'il n'ait pu attendre les résultats du bac. Ma réussite était en partie la sienne.

Il n'y eut pas de veillée mortuaire. Les funérailles de Papy furent chantées à l'église du Sacré-Cœur de Port-au-Prince, aujourd'hui détruite par le Goudougoudou. Je passai un long moment à observer mon grand-père reposant dans son cercueil. Son nez me parut allongé, ses lèvres pincées, ses pommettes moins saillantes. Il semblait pourtant serein.

Une longue notice nécrologique fut consacrée au docteur Ludovic Montas dans un quotidien de Port-au-Prince. Beaucoup de Petit-Goâviens regrettèrent qu'il ne fût pas enseveli dans la ville de Soulouque où il passa toute sa vie et dont il a été tantôt préfet, tantôt député. Son propre père avait d'ailleurs été choisi comme *magistrat communal* de Petit-Goâve par le président Fabre Geffrard. Papy avait conservé l'acte de nomination datant du 20 janvier 1864, an 61e de l'Indépendance.

Qu'on ne me soupçonne pas de vouloir écrire un récit hagiographique de la vie de mon grand-père. Avec du recul, je pense qu'il fut un bourgeois conservateur, mais respectable et pourvu d'un sens des responsabilités très marqué.

Je fus fier de porter le cercueil de ce grand-père qui veilla considérablement sur mon enfance. Et au cimetière, quand Mamy, ma grand-mère paternelle, s'approcha de la tombe pour dire un tout dernier au revoir à celui qui fut son deuxième époux – labyrinthes généalogiques – je me détachai spontanément du groupe pour la soutenir par le bras. N'étais-je pas avec mes sœurs, les seuls petits-enfants que Papy et Mamy avaient en commun.

La disparition de mon grand-père m'affecta. Mais à vingt ans, ne considère-t-on pas un peu comme naturel le départ d'une personne très âgée ? On a d'autres soucis. Il semblerait qu'à cet âge, l'on ne comprend pas pleinement ce qu'est la mort. Je me suis par la suite souvent interrogé sur les rapports que j'avais avec mon grand-père. Ils étaient empreints de respect et de vénération mais combien distants et lointains. Papy symbolisait l'autorité. À l'époque, d'une manière générale, la plupart des parents et grands-parents, surtout les hommes, conversaient très peu avec les enfants en bas âge et les petits-enfants, se contentant de donner des directives et de superviser le travail scolaire. Si je veux être tout à fait honnête, je dois reconnaître que mes petites sœurs consacraient beaucoup plus de temps au grand-père. J'étais le plus souvent à l'extérieur, avec les copains.

Énorme fut ma surprise de découvrir, à l'âge adulte, que le grand-père avait deux *pitite deyors*, enfants naturels. Sujet tabou dans la famille. Était-ce parce qu'il se sentit étroit dans la vie conjugale ? Ou plutôt en raison de ses deux longues périodes de veuvage ? Ceux qui pourraient m'éclairer sur l'âge de ces enfants sont tous décédés. Ma mère, la plus humble et la plus tolérante de la famille, connaissait ses deux demi-sœurs qui la visitaient parfois à New York. Il semblerait qu'elles étaient un peu plus jeunes. L'une d'elles décéda prématurément d'une longue maladie ; d'après les informations que j'ai pu glaner, elle ressemblait étrangement à la sœur aînée de Papy, la tante Yotte, qui venait tous les ans à Petit-Goâve à l'époque des fêtes de la 15 août.

Un de mes amis, du Cap-Haïtien, deuxième ville du pays, me fit un jour cette confidence : « Au cours de la veillée qui suivit le décès de mon père, survint un homme d'une quarantaine d'années que la famille n'avait encore jamais rencontré. Un silence pesant s'abattit sur la salle alors qu'il se recueillait devant la dépouille. Tous les regards se promenèrent simultanément du nouveau venu à une ancienne photo de mon père accrochée au-dessus du cercueil, tant la ressemblance était sidérante. On se serait cru dans un match de tennis où les têtes s'orientent dans le sens de la balle qui voltige de part et d'autre du filet. Toute l'assistance avait compris qu'il s'agissait du fils naturel du défunt. Ma mère devint livide. Elle était tombée des nues, se demandant sérieusement quand son estimable époux avait bien pu concevoir cet enfant puisqu'ils travaillaient ensemble du matin au soir et ne se quittaient jamais. »

On était coutumier de pareilles situations en Haïti. Les familles monoparentales étaient légion, les hommes avaient tous les droits et les méthodes de contraception étaient plutôt empiriques !

Je quittai Haïti pour la France un an après le décès de Papy. François Duvalier venait juste d'être intronisé Président à vie le 22 juin 1964. Mamy avec qui j'ai eu des rapports de tendresse et d'affection, survécut trente deux années, presque centenaire. Elle se félicitait d'avoir eu vingt-cinq petits-enfants. J'étais déjà très gourmand à l'époque et Mamy me permettait d'utiliser son four personnel pour réaliser mon dessert préféré : *l'œuf au lait*, flan aux œufs. Elle me prenait vraiment par les sentiments.

4

PETIT-GOÂVE, VILLE COSMOPOLITE

Il a plu ce matin. Le ciel est encore troué de gros nuages gris. L'odeur combien agréable de la terre se répand dans l'atmosphère bien que la grand-rue soit en adoquin et les autres rues presque toutes asphaltées maintenant. Certains lieux, certains personnages, certaines anecdotes m'avaient laissé un souvenir vivace. Je me promène aujourd'hui dans le bas de la ville. Cela m'entraîne en arrière dans le temps. Ce quartier concentrait des commerces que je voyais très achalandés : épiceries fines, pharmacie, bijouterie, magasins de tissus, droguerie, quincaillerie, marchand de vélos. Le café-hôtel-restaurant de Madame Edner Cambri, reconstruit récemment sous le nom d'Impératrice Adélina, se tenait déjà majestueusement sur la grand-rue, qui me paraissait longue et large. Un vrai boulevard à mes yeux. Tous les véhicules qui traversaient la ville y faisaient escale car la route nationale 2 reliant Port-au-Prince au sud du pays passait par la grand-rue. Le carrefour se transformait à l'époque en une véritable gare routière aux heures de repas. Au trafic interurbain s'ajoutaient les activités des citadins qui rythmaient la vie quotidienne : l'ouverture et la fermeture des services publics, banque, douanes, télégraphes, contributions, mouvements du secteur import-export, des trieuses de café de la maison Cheriez. L'après-midi, on assistait aux allées et venues des jeunes hommes à vélos qui fréquentaient la salle de billard ou la salle de jeux de cartes de Baba. Ce quartier foisonnait de gens et d'activités.

Et dire que Petit-Goâve, située à 68 km au sud de Port-au-Prince, sur la côte caraïbe est l'une des plus vieilles villes du pays, une ancienne capitale du temps de la colonisation. Le 350ᵉ anniversaire de sa fondation sera sans doute fêté en 2013. C'était aussi l'une des plus florissantes jusque dans les années 1930. La France y avait un consulat ainsi que l'Italie et la République Dominicaine.

Si c'est à Port-au-Prince que je vis pour la première fois des signaux lumineux régissant la circulation, Petit-Goâve était cosmopolite et paraissait au garçonnet de l'époque un petit paradis de plaine, de campagne et de mer.

Élias D. Chemaly, l'une des icônes de l'immigration syrienne à Petit-Goâve, avait sa boutique de tissu à l'angle de la rue Lamarre et de la grand-rue en face de la Place d'Armes – joliment réaménagée depuis – et des anciennes casernes Faustin Soulouque où tout véhicule traversant la ville devait s'enregistrer. Le trafic était intense et le magasin Chemaly ne désemplissait pas. C'est le troisième fils, Jacob, que j'ai le plus connu à l'École des Frères de l'Instruction Chrétienne, tenue par des Français et des Canadiens. Il finit par émigrer à New York puis à Miami. Aux dernières nouvelles, il serait devenu un homme d'affaires prospère.

On se désignait communément sous le terme de nègre. Le nègre a dit, le nègre a fait quoique, quoique… on disait Blanc Élias. Par ironie, les Haïtiens appelaient aussi Blanc celui qui n'avait pas la peau très noire ou qui avait de "bons cheveux", cheveux non crépus.

Les « Arabes » comme nous appelions les Libanais et les Syriens, avaient le quasi monopole du commerce de tissu et celui de l'importation des épices : anis, girofle, cannelle, ail. Une expression haïtienne salue leur courage, leur esprit de solidarité et leur réussite en signalant qu'ils sont arrivés dans le pays avec une boîte en carton au dos pour tout bagage. À Petit-Goâve par exemple, ils étaient intégrés et parlaient créole couramment. Nous avons tous connu les Saieh, la famille du célèbre maestro Issa, Féli et Édouard Garib,

Narcisse Antoine, les Dourah avec la présence de la belle Joséphine au volant de sa Chevrolet décapotable, parlant un créole décomplexé qui faisait sourire les petits-bourgeois. Créole et distinction ne faisaient pas bon ménage à leurs yeux.

Qui n'a pas connu les Italiens Ti Joe Panza et Dominique Bombace ? Le bruit a couru dans la ville que Bombace était amateur de négresses à la peau couleur prune et qu'il fréquentait même les filles légèrement vêtues du Bord de Mer qui exhibaient leur opulente poitrine et leur derrière rebondi. Pour ma part, je n'ai jamais aperçu sa voiture dans les environs quand je passais sur mon vélo.

On voyait et entendait circuler l'Américain Mitchell, alias Super, dit Graine-Bambou, dans sa vrombissante jeep.

Une de mes tantes, restée vieille fille, se plaisait à raconter qu'un médecin petit-goâvien habitant Port-au-Prince expédia à une correspondante française une photo du Palais national qu'il fit passer pour un vieux château de famille. La fille fut aussitôt séduite et rentra à Port-au-Prince pour célébrer le mariage. Quand elle découvrit le pot aux roses, elle s'en retourna vite fait à Bordeaux. Revanchardes, les Haïtiennes se moquèrent de l'ex-fiancé mythomane en lui chantant perfidement au téléphone : « Les filles de France sont intrigantes, elles donnent leur cœur pour de l'argent tandis que nous Port-au-Princiennes nous le donnons par amitié.»

Puis, il y eut les Indépendances africaines dans les années 60. Encouragés par la dictature et le marasme économique dû aussi à la fermeture du port, beaucoup d'intellectuels petit-goâviens partirent notamment au Congo pour remplacer les cadres belges. Les Syriens quittèrent Petit-Goâve pour s'installer dans le Bord de Mer de Port-au-Prince. Les habitants des sections rurales remplacèrent ceux de la ville, partis eux aussi à Port-au-Prince. Ces derniers ont émigré à leur tour à New York et à Miami. Et ma ville a périclité d'autant plus vite que la nouvelle route nationale évita Petit-Goâve et raccourcit les temps de transport avec la capitale. Les voyageurs ne s'y arrêtaient plus et le client petit-goâvien fit ses achats directement à Port-au-Prince.

Aujourd'hui, je ne me sens plus tout à fait chez moi dans ces rues. Pourtant, elles recèlent chacune leur histoire ; chaque emplacement de maison, chaque carrefour réveillent en moi une avalanche de souvenirs.

5

CHEZ UN ÉBÉNISTE D'AVANT-GARDE

Juste en face de chez Papy, à la rue Saint Paul, se tenait l'ébénisterie Metellus. C'était une entreprise "mondialement" connue à Petit-Goâve !!! Ne faisait-elle pas sa publicité en espagnol. Je pense notamment à cette enseigne en bois peinte de couleurs vives « *Todo el mundo debe vivir*. J. Metellus, ébéniste. »

Pour la petite histoire, Metelllus était non seulement un ancêtre de la mondialisation, un artisan habile et apprécié, un passionné de bésigue et d'échecs mais un homme admirable. Je le connaissais personnellement. N'avait-il pas comme moi un somptueux vélo noir, de marque Hercule, un vélo qu'il bichonnait et sur lequel il avait même installé la radio qu'il écoutait en faisant son tour de ville après une dure journée de labeur.

Je me souviens encore du jour où je demandai à Metellus de me changer les essieux de Soulouque, un camion miniature que m'avait fabriqué Guegen. Il pleuvait si fort, les torrents de *lavalasse* étaient si impétueux que Metellus, se balançant sur son hamac tout en fumant une Splendid, m'invita à déguster avec lui le pigeon qu'il avait capturé. Je revois encore soixante ans plus tard le volatile frissonner dans sa sauce brunâtre, dans une grande boîte de conserve en équilibre précaire sur un réchaud de fortune composé de trois grosses pierres couvertes de suie. Et le cuisinier-ébéniste de m'expliquer doctement que la chair de pigeon est très nutritive parce qu'elle contient beaucoup de sang. Il est

temps que je vérifie les dires de ce monsieur qui me paraissait si fiable en bien des domaines. C'est du chêne, tu reconnais, me disait-il. Ici, c'est de l'acajou. Rien à voir. Ce tas de bois à côté, c'est du frêne et enfin du cèdre, du sapotillier, plutôt rare..
Metellus ajouta au cours de la conversation qu'il n'y avait pas plus ingrat que les pigeons : ... tant que tu as de l'argent pour leur acheter des grains de maïs ou de mil, ils viennent te rendre visite. Le jour où tu es fauché, ils ne te connaissent plus.

C'est chez Metellus que je vis des cercueils pour la première fois. Tout guilleret, il partait en vélo prendre les mesures chez le client. Il se mettait ensuite scrupuleusement au travail, toutes affaires cessantes. J'ai assisté à la fabrication complète du cercueil de Clairène, une pianiste bien connue dans la ville, morte, disait-on, d'une cirrhose du foie. C'était d'ailleurs la première morte que j'aie vue, quand elle a été exposée dans sa petite maison devant le Calvaire, face à l'école des Sœurs, dans ce cercueil qui, déjà vide, m'impressionnait tant. Le cadavre me hanta des semaines durant et après les obsèques, j'eus vraiment peur une fois la nuit tombée que la pianiste ne revînt sur terre. Quand je rentrais à Port-au-Prince, je m'estimais protégé de son fantôme car Clairène n'était pas censée connaître la maison de Mamy.

La peur des morts s'expliquait en partie parce que l'on nous racontait beaucoup d'histoires de Zombies. Les cadavres pouvaient être tirés de leurs tombes par des *bokors*, sorciers, et forcés en tant qu'esclaves à une existence de morts-vivants. Ces automates suivaient des ordres et ne mangeaient jamais de sel. Lâchés parfois en meutes, ils étaient même capables de tuer les créatures vivantes. C'est ainsi que telle personne, décédée il y a quelque temps, aurait été rencontrée, tête baissée, quasiment momifiée, transportant une calebasse d'eau dans le quartier de Jubilé. Dans la cour de l'École des Frères, assis côte à côte sous le Flamboyant, nous nous rapportions avec émotion les échos des expériences des uns et des autres.

Metellus n'est certainement plus de ce monde. Les adultes de mon enfance sont tous ou presque tous partis. En lieu et place de son ébénisterie, une construction moderne, aux murs peints d'un jaune éclatant, abrite une maison de transfert d'argent bien barricadée derrière des fils de fer barbelés.

6

QU'EST DEVENUE L'ÉCOLE DES FRÈRES ?

J'ai hâte de remonter jusqu'au Calvaire, de reprendre le chemin de ma première rentrée des classes. J'étais en compagnie d'Odilon. C'est de ce jour-là que l'on nous a appelés Montilas et Faublas. J'ai hâte de savoir ce qu'est devenue cette École des Frères de l'Instruction Chrétienne ou école du Sacré-Cœur que j'ai fréquentée jusqu'au Certificat de Fin d'Études Primaires, d'en arpenter la cour, théâtre de récréations inoubliables qui semblaient durer une éternité. Nous nous réunissions tous les jours sous le parasol du Flamboyant. Existe-t-il encore ? A-t-il résisté au temps, aux cyclones, au dernier tremblement de terre ? Si je pouvais retrouver l'inscription que j'avais pris soin de graver sur son tronc : M.B. 1953. Ce fut mon avant-dernière année à l'École des Frères. J'allais bientôt quitter Petit-Goâve et la Petite Enfance avec le sentiment que la porte du paradis me claquait au nez. Je souhaite pouvoir compléter ma signature d'une autre date : 2012, année du retour. Qu'en est-il de l'eucalyptus géant face à la classe de première qui nous dispensait sa douce fraîcheur et embaumait l'aile gauche de la cour ? Mes souvenirs se bousculent. Je crois revoir les frères Raphël, Archange, Dorothée, Jean, Cicélius, Antoine et Edouard dans leurs soutanes noires. Je crois même entendre les voix de nos professeurs Magloire, Nazaire, Nissage,

Calonge et David. Le goût et l'odeur des *royal*² vendus à la cuisine envahissent mes sens. Aurai-je de plus la chance de retrouver quelques camarades dans les rues de la ville ? Cela fait longtemps que je n'ai pas connu pareil état d'excitation. Les quatre premiers Frères de l'Instruction Chrétienne (F.I.C.) arrivèrent en Haïti en 1864 après la signature du concordat entre Pie X et le président Fabre Geffrard qui vit Port-au-Prince érigé au rang d'archevêché. À l'époque de ma petite enfance, les Frères étaient implantés dans trente-cinq localités différentes. Ils dispensaient un enseignement en créole, publièrent leurs propres manuels scolaires dont l'Histoire d'Haïti du Cours Élémentaire Moyen édité chez Henri Deschamps. Ils ouvrirent des écoles secondaires à Port-au-Prince, aux Cayes, au Cap-Haïtien et à Saint Marc. Ils ne seraient plus présents que dans une dizaine de villes du pays avec vingt et un Frères haïtiens et six écoles primaires.

Ironie du calendrier, deux magnifiques arcs-en-ciel zèbrent le firmament, l'un côté montagne, l'autre côté mer. Ils me font comme une escorte alors que je me décide à aller constater les dégâts. Je suis prévenu : mon ancienne école avait fermé ses portes. Une institution laïque avait occupé les locaux avant qu'ils ne s'écroulent en cette maudite journée du 12 janvier 2010. Il est à peine huit heures du matin. La journée s'annonce torride malgré la courte averse qui vient d'arroser la ville. Des maisons sortent les crachotements des transistors, parfois de la musique locale. De temps en temps, une odeur de café parvient jusqu'à mes expertes narines. C'était de loin la production la plus répandue dans toutes nos campagnes – le colonisateur le voulait ainsi, pour l'exportation – avant que la culture soit un peu diversifiée (canne à sucre, bananiers) pour la consommation locale. J'avance pas à pas dans la rue Saint-Paul, scrute chaque maison, plus précisément ce qui reste de chaque maison.

---

² Galette de maïs appelée cassave, tartinée de mamba ou beurre d'arachide.

Jean Montrouge, le vieil avocat, le locataire de Papy, n'est plus sur son balcon. D'ailleurs il n'y a plus de balcon parce qu'il n'y a plus de *chanmotte*. Dans le renfoncement habitaient Berthier, le fidèle serviteur de Papy, ainsi que sa femme Caméide. *Ad patres* ! Juste en face vivait la famille Louis Lemaine qui, avec un soin particulier, s'occupait de quelques admirables arbres fruitiers : figuier de France, manguier, sapotillier, grenadier, papayer, corossolier, caïmittier. Du balcon de Papy, j'avais une vue plongeante sur ce magnifique jardin, comme sur un décolleté. À chaque fois que l'occasion s'offrait, je faisais une incursion dans cette cour intérieure joliment entretenue et je m'extasiais. J'aimais par-dessus tout le sapotillier. Haut d'une dizaine de mètres, il était presque en toutes saisons porteur d'une flopée de ces petits fruits marron en forme d'œuf qui ont l'aspect du kiwi. La saveur caramélisée de la sapotille, son parfum de vanille, sa forte teneur en sucre, la fraîcheur de sa chair contrastant avec la chaleur tropicale ont toujours créé chez moi un attrait de prédilection. De tous les fruits tropicaux, la sapotille est de loin mon préféré et je l'associe à Petit-Goâve. Dommage qu'elle supporte mal le transport.

Je marque le pas devant l'emplacement de la petite maison au sol nu où habitait mon copain William, alias Ti Boute, mort accidentellement au Congo, écrasé par une jeep de l'armée seulement quelques jours après son arrivée. J'ai aussi une pensée pour sa mère, une brave *nèguesse*. Si je pouvais la rencontrer dans les rues du village ! Elle a sans doute déjà rejoint son fils dans l'au-delà. Il me revient spontanément à l'esprit que Ti Boute était surnommé Boukman, le chef du premier soulèvement général des esclaves dans le Nord de Saint-Domingue au cours de la cérémonie du Bois-Caïman en 1791. Ce surnom ne correspondait nullement au caractère pacifique de ce gentil garçon.

La menuiserie Jean-Michel n'est plus. J'ai le souvenir de Frénel, le fils du patron avec qui j'avais beaucoup sympathisé. Ses traits se redessinent dans mon esprit. Où es-

tu passé Frénel ? J'aimerais tant te revoir ! Je passe devant ce qui fut la maison de maître Tell François et de sa sœur Chébé, rappelés il y a belle lurette dans l'au-delà car ils étaient déjà vieux quand j'étais encore jeune.
Je traverse la rue Dessalines. Ici sur la droite se tenait le premier lycée de Petit-Goâve avant son transfert à côté de l'École des Frères. J'ai l'impression que le directeur de l'époque, un ami de la famille, est encore assis à son bureau. Impossible. Il est décédé à New York il y a une quinzaine d'années. En face, on trouvait toutes sortes de sucreries : *gingenbrettes, tablettes lacol, tablettes roroli,* pistache grillée, *bougonnain, royal*...que je préférais de loin aux *Krispettes,* pop corn caramélisé, venus tout droit de la capitale. Les mouches que je ne voyais pas autrefois m'auraient découragé maintenant.

Je rentre dans l'école des Sœurs. Certains bâtiments avaient été reconstruits avant le Goudougoudou. Ils ont bien résisté. Dans la cour, des ouvriers font les derniers préparatifs pour la prochaine rentrée. Deux religieuses sont venues jusqu'à moi pour me renseigner. En fait, c'est moi qui leur fais un historique de l'institution. L'une d'elles, la plus âgée, vient de Port-de-Paix, dans le Nord-Ouest. Elle connaît bien Sœur Marthe qui a maintenant plus de quatre-vingts ans. Je lui raconte le succès qu'elle a eu du temps de sa jeunesse avec Poisson, le fou du village. Rires.

Derrière le Calvaire, décapité par le dernier tremblement de terre, se trouve mon ancien établissement scolaire. Des locaux fraîchement construits pour une nouvelle école. Les Frères avaient quitté Petit-Goâve. Plus de Flamboyant. Plus d'Eucalyptus. Au fond de la cour de gauche, je ne reconnais que le petit bassin, totalement sec, fissuré, écorné, sans adduction d'eau où Madame Nicolas m'avait lavé et changé il y a environ soixante-cinq ans. Ce qui me valut un laps de temps le surnom de *cacatoès* puisque j'avais souillé ma culotte. Attenant à cette cour, donnant sur le quartier de La Hatte, je revois l'ancienne propriété du docteur Tancrède, horizon quotidien de tous les élèves de l'école. Ils avaient d'ailleurs formé un imposant cortège pour accompagner le défunt à sa dernière demeure.

La balade que je viens de faire ne fut nullement lugubre. Peut-être ai-je commencé à comprendre un peu que je suis nostalgique de ce qui n'existe plus, d'une époque plus précisément, qui semble bien révolue ? Dans les rues, dans les cours, sur les galeries, aux fenêtres, je ne rencontre que des inconnus. Ce paradis dont je rêve si souvent n'existerait plus que dans mes souvenirs. Et l'être vieilli et métamorphosé qui est revenu au pays un demi-siècle plus tard n'apprécie pas forcément ce que le petit garçon ou l'adolescent adorait. Pas de conclusion hâtive, me dis-je. Tu n'es peut-être pas encore tout à fait dans le bain ?

7

PALÉ FRANCÉ PA DI LESPRI

La cour de mon ancienne école me submerge d'une avalanche de souvenirs : des anecdotes, des pans de vies des uns et des autres me reviennent à l'esprit. *Palé francé pa di lespri.* Savoir parler le français n'est pas synonyme d'intelligence. C'est ce que disait un vieil adage pour combattre le sentiment de supériorité qu'avaient les francophones, 10% de la population face à ceux qui ne comprenaient que le créole. Au préjugé de couleur s'ajoutait un préjugé de langue. Le français était la langue des maîtres et le créole celle des domestiques. Celui qui faisait une faute de français était la risée de tout le monde et l'histoire se propageait dans toute la ville et au delà.

Manassé, un lycéen petit-goâvien fort brillant, fils aîné de la famille, fut arrêté un jour au motif qu'il avait insulté un policier dans l'exercice de ses fonctions. Il l'aurait traité de vaurien. Je revois devant moi ce tout petit bonhomme, si petit qu'il se tenait raide sur la pointe des pieds. On le disait *rek*, c'est-à-dire plus âgé que la plupart de ses condisciples.

En cette journée du mois de juin, il faisait une chaleur torride. Le tribunal était envahi de jeunes venus soutenir leur collègue. Manassé avait revêtu son costume du dimanche et semblait venir tout droit de chez le coiffeur. Quand on l'appela à la barre, il déclara calmement, avec un sourire éblouissant et dans un français superbe qu'il y eut un sérieux malentendu dans ses propos. Il avait prononcé exactement ces paroles : monsieur l'agent, votre réponse ne vaut rien. Langage que apparemment son interlocuteur n'a pu comprendre. Applaudissements de soutien envers le lycéen. Sifflets et chahuts en direction du policier inculte. La salle dût être évacuée. L'histoire fit le tour de la ville. Le pot de terre a remporté la bataille contre le pot de fer. Le lettré contre l'ignorant. Le policier, couvert de honte, adopta un profil bas pendant quelque temps. Il ne parlait ni ne comprenait le français ! Ce qui a fait mentir le proverbe.

Pareille situation ne se reproduirait pas de nos jours car le procès se tiendrait en créole devenu aussi langue officielle en 1987, à côté du français, bien que son statut soit inférieur. J'ai pu aussi noter depuis mon arrivée en Haïti que la langue de Molière avait perdu et de sa suprématie et de son vernis. L'élite haïtienne qui l'utilisait comme instrument de domination avait disparu et il existait de nos jours un brassage incessant entre Haïtiens de l'intérieur et diaspora nord-américaine. Trois vols quotidiens American Airlines arrivent de Miami et autant si ce n'est plus des autres grandes villes américaines.

Manassé était le trompettiste de l'orchestre Robert N. qui animait toutes nos fêtes, toutes nos célébrations. Je revois encore le jeune Robert ceint de son accordéon, le sourire vissé aux lèvres, diriger habilement son groupe de copains. Mon ami avait le goût des chiffres et il était doté de beaucoup d'humour. Le musicien qu'il était fredonnait souvent des paroles de chanson qu'il sortait opportunément soit comme une boutade soit pour illustrer une situation. Il était pince sans rire. Une de ses blagues préférées consistait à repérer un groupe d'hommes d'un regard en coin et fredonner à haute voix ce tube passé en boucle sur les radios haïtiennes : « Messieurs, (insistance et pause) arrêtez de manger des chats. Les chats ne sont pas bons pour les jeunes garçons. » Les personnes répondaient en chœur à ce qu'elles prenaient dans un premier temps pour un salut amical. Robert, goguenard, continuait son chemin et gloussait. Il aimait bien se la jouer.

Notre amitié nous lia jusqu'à mon départ pour la France. Je l'ai comme maintenue au frigidaire, persuadé de la retrouver intacte à mon retour.

À peine sorti du hall de l'aéroport Toussaint Louverture de Port-au-Prince, l'un des premiers visages que je reconnais est celui de Robert. Grand, large, épais, il porte une chemise d'un blanc immaculé. Debout à côté d'Odilon, mon vieil ami se fend d'un rire éclatant, tant il est joyeux. Accolade. Effusions. Poignées de mains interminables. Échanges d'adresses électroniques et de numéros de téléphone. Robert possède deux battoirs qui enveloppent pratiquement mes mains que je croyais déjà grandes.

Il est malheureusement en partance pour Miami et il y eut des appels insistants concernant l'embarquement de son vol dans le terminal voisin. Odilon m'apprend que son goût des chiffres avait ouvert à notre chef d'orchestre les portes de la Banque Nationale où il fit une brillante carrière.

Robert N. habitait dans sa jeunesse le bas de la grand-rue, le poumon de la ville et ses galeries constituaient des terrasses d'où nous pouvions observer, avec son frère et ses cousins, tout ce qui bougeait. C'est d'ailleurs avec sa petite troupe que nous faisions la traversée jusqu'à Bananier l'État, la plus belle plage de Petit-Goâve. Au retour, après avoir hissé nos voiles composées de vertes branches de cocotier, nous ramions à une bonne cadence et reprenions à tue-tête ce chant de guerre utilisé par les généraux pour motiver les troupes pendant la guerre de l'Indépendance : *Grenadiers à l'assaut, ça qui mouri, zafè ya yo, Grenadiers à l'assaut, ça qui mouri, zafè ya yo. Nan poin manman, nan point pitite, ça qui mouri, zafè ya yo,* grenadiers à l'assaut, ceux qui meurent ça ne fait rien. Ne nous encombrons pas de sentiments, ceux qui meurent ça ne fait rien. Le canot voguait alors sur la mer Caraïbe à une vitesse qui dépassait nos entendements, s'enfonçait jusqu'à disparaître entre deux hautes vagues rugissantes et nous réapparaissions l'instant d'après juchés sur le gonflement de la vague suivante. L'habitude était prise d'ouvrir les paris à quelques encablures de la ville. C'était à qui parviendrait le premier à lire l'heure donnée par l'horloge de l'église Notre-Dame. Il ne s'agissait pas d'avoir des yeux qui se croisent les bras. Nous nous confectionnions des visières avec nos mains. Scrutant scrupuleusement l'horizon, penchant la tête tantôt d'un côté, tantôt de l'autre pour finalement lancer nos pronostics.

C'est quand Robert m'étreignit la main à l'aéroport, plus d'un demi siècle après, que je compris pourquoi il gagnait toujours à ce petit jeu. Il avait certes la vue perçante mais il devait aussi être aidé par d'énormes paluches qui masquaient la clarté aveuglante du soleil, un obstacle de taille.

8

LA DOUS MACOS

Le café-hôtel-restaurant situé en face de chez Robert revendait des *dous Macos*. Et nous y allions souvent en chercher pour agrémenter nos après-midi. La seule évocation des mots *dous Macos* me fait saliver. Pour moi, c'est la sucrerie par excellence, celle qui a bercé mon enfance et ma prime jeunesse. À chaque retour de Petit-Goâve, les Port-au-Princiens quels qu'ils soient me demandaient infailliblement si j'avais ramené une dous Macos. Cette spécialité s'associe au nom de la ville autant que l'empereur Soulouque, originaire lui aussi de Petit-Goâve.

« Faustin Soulouque, ancien esclave affranchi en 1793, illettré, commandant de la garde présidentielle, fut choisi en 1847 par le Sénat comme nouveau président d'Haïti. Celui que les politiciens mulâtres considéraient comme un comparse prit son rôle très au sérieux et s'entoura d'hommes instruits et capables. » Il emprisonna et passa par les armes tous ceux qui l'avaient élu et créa le corps des Zinglins, une police secrète tout à fait dévouée à sa personne, les précurseurs des Tontons Macoute. Soulouque réprima dans le sang toute velléité de révolte. À la tête de quinze mille hommes, il fut sur le point de soumettre la partie orientale de l'île, séparée depuis cinq ans, si une fausse rumeur de complot contre lui à Port-au-Prince ne le poussa à donner le signal de retraite. Les Dominicains, en déroute, ne comprirent pas ce qui arrivait.

En 1849, il devint le second empereur d'Haïti. La cérémonie du sacre fut grandiose et Faustin 1er constitua sa cour. Atléda de Bernard, la mère de Papy, y rencontra d'ailleurs son futur mari. Elle était la fille du général Zermie de Bernard, ministre de l'intérieur du régime. Soulouque distribua à tout va, vidant les caisses de l'État haïtien, créant des emplois à tour de bras pour venir en aide aux classes noires démunies et lutter contre les riches mulâtres. La crise économique et monétaire accrut le mécontentement populaire et Soulouque partit pour l'exil en 1859 à la Jamaïque. La couronne de l'empereur est conservée au Musée du Panthéon National à Port-au-Prince. Madame Soulouque, Sa Majesté Impériale, a pour nom de jeune fille Adélina Lévêque. Ce qui fait dire aux détracteurs de l'empire qu'elle avait deux *queues*.

Pour les générations des années 50, il existait à Petit-Goâve une relation de fait entre la dous Macos et Soulouque. L'entrepreneur belge Fernand Macos, inventeur de la dous en 1939, céda rapidement le brevet d'exploitation à Madame Labarre, la belle- mère de Moreno, propriétaire de Soulouque, un des camions qui assuraient la liaison avec Port-au-Prince. Un autre transporteur baptisa son camion du nom de l'Impératrice. Toute la famille Moreno-Labarre, des grands-parents aux petits-enfants, en passant par les oncles et les tantes, habitaient le quartier de la Petite-Guinée, dans des maisons voisines et Soulouque, quand il n'était pas sur les routes, se garait presque en face du lieu de fabrication de la fameuse dous. On l'y voyait souvent charger et décharger. Bel exemple de concentration d'entreprises familiales.

Madame Labarre avait donc son point de vente à la Petite-Guinée sur la route nationale 2 et la boutique était toujours très achalandée. Quand arrivait la fête paroissiale de la 15 août et la venue de nombreux visiteurs à Petit-Goâve, c'était la ruée sur la dous.

La fabrication de la dous est assurée actuellement par une douzaine de micro producteurs, certains installés à Brooklyn.

Madame Labarre perdit le monopole en 1963. Ses arrière-petits-enfants continuent cependant à fabriquer à Petit-Goâve. Ils se battent pour une certaine fidélité à la formule de Fernand Macos. Il s'est créé depuis l'Association des Producteurs de Dous Macos, l'APDM. Je ne donnerai pas la recette exacte de cette spécialité. Disons que la préparation est faite de lait pur, de sucre blanc, de cannelle, de bergamote, de beurre d'arachide, d'essence de vanille, de chocolat et de colorant alimentaire rose. Il y aurait même aujourd'hui trois classes de dous Macos, la A, la B et la C.

Je suis transporté comme par magie à la Petite-Guinée en écrivant ces lignes. Les ingrédients à eux seuls exhalent des effluves.

9

LE COMMERÇANT ET LE BAIGNEUR

Toujours à partir de la galerie de Robert, nous nous faisions l'écho de toutes les blagues qui circulaient sur les uns, sur les autres. Nos compatriotes sont connus pour leur humour. Un humour bon enfant, certes moqueur, mais dépourvu de méchanceté. Les commerçants, qui étaient les plus en vue, en étaient souvent les têtes de turc.

La palme revenait à un monsieur qui s'était taillé une solide réputation d'avarice. De haute taille, *docteur-feuilles*, beaucoup de ventre, cheveux blancs, sourcils épais et broussailleux, les paupières toujours à moitié fermées, sans doute parce que le blanc de ses yeux était d'un jaune vif, il portait un éternel costume *gros peau* sombre. Il aurait ainsi rédigé un rappel de facture à un de ses débiteurs : Doit Monsieur X la somme de dix gourdes pour un pot de nuit acheté à la nuit tombante.

On racontait que, assis sur sa galerie en fin de journée, il vit passer un débiteur récalcitrant portant la salopette en jean bleu qu'il lui avait vendue quelques mois auparavant. Le client avait pour habitude d'aller faire sa toilette tout nu au bord de mer, près du port. Le créancier suivit le bonhomme, s'empara de ses habits posés sur le rivage et lui cria au large avec un rire sarcastique : « Je les reprends, hein ! »

La rumeur publique attribuait à notre baigneur, un père de famille illettré et hypochondriaque notoire, l'administration d'une bastonnade à l'un de ses fils au motif que celui-ci lui avait demandé de l'aide pour sa leçon de français : Si je te paie tous les mois l'École des Frères, ce n'est pas pour que tu ne comprennes pas les explications du professeur. Tu sais ce que tu me coûtes ? À chaque fois que nous les garçons nous le rencontrions, parfois plusieurs fois dans la journée, nous lui adressions un insistant « Comment allez-vous, monsieur ? » en prenant l'accent pointu des Parisiens. Arrêtant de chantonner, il répondait sèchement : *Nou là oui.* Les plus effrontés se permettaient de le gouailler en lui demandant l'heure sachant qu'il ne savait pas lire. Il présentait alors son poignet gauche et lançait, tantôt avec un sourire contrarié, tantôt avec une mine sombre : *moin pas égoïste, leu ya pou nou toute*, je ne suis pas égoïste, l'heure est à nous tous.

10

MORT SUBITE

Je me tire de ma sieste, tourne le dos à ce qui fut mon ancienne école, - c'est la troisième visite de la semaine - et je descends la rue Saint-Paul que j'ai parcourue un nombre incalculable de fois du temps de ma petite enfance. Alors que la grand-rue est, dans mon esprit, associée aux loisirs, promenades sur le port, rencontres avec les camarades, la rue Saint-Paul charrie tout un lot de souvenirs d'angoisses et de peines. Je ne puis oublier cet incendie qui, en 1953, ravagea une nuit entière cinq des plus belles *chanmottes* de la ville et nous plongea tous dans l'affliction. J'ai la satisfaction de constater que la plupart de ces maisons avaient été reconstruites. Je ne puis oublier que c'était la rue de l'effort, des petits soucis, celle de l'école avec les leçons, les devoirs. Et voilà qu'aujourd'hui encore la rue Saint-Paul m'inflige un spectacle de désolation. L'Hôtel de ville de Petit-Goâve, ancienne demeure de mes grand-parents paternels, Théo et Mamy, a été complètement détruit par le tremblement de terre de janvier 2010.

Juste en face habitait mon ami Gérard dont le père a été maire de Petit-Goâve pendant de longues années. Eh bien Gérard n'est plus de ce monde. Il mourut prématurément en Afrique où il exerçait la médecine. Un dispensaire ainsi qu'une école primaire ont été construits dans la banlieue sud de la ville à la mémoire de notre camarade. Loin de s'appuyer sur les structures locales et les aider à se développer, les ONG les contournent et les ignorent le plus souvent. Trop concurrencées, elles disparaissent. J'espère que ce ne sera pas le cas pour la Fondation Henri-Gérard Desgranges.

La blanche église paroissiale, symbole de la ville, a été démolie. J'y associe le nom du père Lamballais qui donna l'extrême-onction à Papy Théo, celui du père Boston que je revois dans sa décapotable et enfin le nom de Roger Cassagnol (1949-1980), le curé que ma génération a connu. .Le presbytère, jouxtant l'église, est intact. J'ai failli y séjourner car un prêtre en civil rencontré dans l'avion qui m'emmenait à Port-au-Prince m'a proposé, après une longue conversation sur Petit-Goâve, une lettre de recommandation pour le curé, le père Boniface.

Nous les garçons, nous devons reconnaître que cette église n'était plus notre seconde maison quand nous devînmes adolescents. Notre petit groupe fréquentait aussi les temples protestants. Non que la concurrence fût rude entre ces deux religions, c'était plutôt que les pasteurs baptiste, pentecôtiste, méthodiste avaient des filles de notre âge et les offices étaient l'occasion de les apercevoir.

À côté de l'église, en face du presbytère, se trouvait la maison du docteur Stanislas, le père adoptif de Mondon et également grand-père de mon ami Jean-René. l'un des artistes peintres haïtiens les plus renommés du siècle dernier. En qualité de céramiste et sculpteur, Jean-René Jérôme (1942-1991) nous laissa une œuvre colossale : la statue Marchaterre, en « hommage à la résistance paysanne » contre l'occupant américain. Son père, René, fut élu député de la circonscription sous la présidence du général Magloire. Gérard et Jean-René furent des amis sincères et généreux que je regrette profondément.

Quand le docteur Stanislas, le protecteur des pauvres comme on l'appelait, décéda, Mondon dut quitter la chanmotte bourgeoise qu'ils habitaient et sa vie fut littéralement cassée. La maison devint un hôtel pendant quelques années.

L'église de Petit-Goâve me fascinait et m'intriguait en même temps. On racontait tant d'histoires terrifiantes sur ce lieu où il se passait beaucoup de choses la nuit. Antulia, la femme de ménage de tante Lucette, nous confiait qu'il valait mieux dormir dans un cimetière que dans une église. Non seulement les prêtres enterrés dans la cour de l'église revenaient sur les lieux mais aussi des zombies, des *houngans*, des *zobops* et toutes sortes de personnages malfaisants et superstitieux. Pendant les vêpres, les messes, les chemins de croix, les te deum, j'imaginais très souvent le défilé de ces acteurs de la nuit.

Les croyances étaient vraiment enracinées. Je me rappelle que toute mort était considérée comme suspecte. Davantage encore une mort subite. *Cou'l cassé*, son cou s'est cassé, disait-on. Aucune maladie n'était naturelle. L'air tracassé, la même Antulia nous expliqua un soir, sur la galerie de la rue Saint-Paul, que l'on pouvait devenir riche du jour au lendemain. Il suffisait de *prendre des points*, ce qui signifiait négocier avec un diable. Ce dernier posait alors ses conditions : faire en contrepartie un sacrifice humain, donner un enfant par exemple ou sa propre personne au bout d'un certain nombre d'années. On pouvait aussi, ajouta-t-elle, aller voir un loup-garou pour *arranger* un ou plusieurs enfants moyennant un prix. La personne *arrangée* restait protégée quant à sa santé, quant à ce qu'elle entreprenait, études, affaires. Et elle illustra ses dires par quelques exemples de réussites spectaculaires et des catastrophes qui s'en suivirent. Notre conteuse fit une pause, avala sa salive, nous dévisagea les uns après les autres pour jauger notre énorme désarroi et précisa dans un sursaut qu' il y avait le plus souvent un vice caché dans les comptes du diable. Étant donné que, contrairement au commun des mortels, il vivait beaucoup la nuit, il séparait les journées des nuits et, dans son esprit, un jour durait douze heures. Une échéance de dix ans tombait alors au bout de cinq ans. Ce qui provoquait surprise et effroi. Antulia croyait dur comme fer à toutes ces histoires. Nous frémissions d'angoisse et de peur.

N'empêche que quand un visiteur s'attardait un peu trop sur la galerie le soir et que Papy commençait à bailler ou à donner des signes quelconques de fatigue, Antulia se levait d'un air décidé, s'emparait d'un balai, le retournait et le plaçait le plus près possible de celui qu'elle voulait chasser. À coup sûr l'encombrant visiteur s'en allait peu après. La servante se vantait souvent d'avoir une protection occulte et d'être pourvue d'un sixième sens, répétant sans cesse : Ce que je prévois pour toi, Antoine Langommier ne le voit pas. Cette expression populaire viendrait de la réputation d'un célèbre *hougan*[3] ou *gangan*. Antoine habitait Langommier, une localité du Sud, d'où la contraction Antoine Langommier. Grâce à sa collection de poupées à crânes humains, il prévoyait l'avenir avec une précision mathématique. Et devant nos airs parfois sceptiques et gouailleurs, Antulia lançait : *Ça ou pa connain, pitite moin, pi gran passé ou,* ce que tu ne sais pas, mon enfant, te dépasse. Elle reprenait ainsi l'avantage. Nous dressions l'oreille ; ce qui fouettait son imagination : J'ai encore à l'esprit une effroyable histoire que l'on raconte avec émoi dans toutes les chaumières d'Haïti-Thomas. C'est celle de ma cousine Asséfi et j'en tremble encore en y pensant. Voulez-vous que je la dise ? Oui, oui, lancions-nous en chœur, en tapant des mains.

Et Antulia, d'une voix basse et un peu cassée, la tête légèrement baissée et soutenue par la main droite, entama : *« Asséfi avait tout juste trente ans. Tout comme moi, elle venait de Delatte, 7ᵉ section rurale. Elle était cuisinière chez une riche commerçante de Grand-Goâve, soupçonnée d'avoir pris des points. Sa maîtresse, Madame Dorvilus, s'enfermait toute seule à l'étage de la maison pour prendre ses repas alors qu'elle réclamait toujours deux couverts. Asséfi voulut en avoir le cœur net. Elle gravit discrètement l'escalier et aperçut par une porte entr'ouverte que la commerçante*

---

[3] Sorcier.

donnait à manger à un Blanc sans membres, le visage illuminé de deux énormes billes bleues qui regardaient dans le vide. C'était la première fois qu'Asséfi voyait un homme-tronc. Qui pis est, un adulte blanc haut d'à peine quatre-vingts centimètres. Elle laissa échapper un cri de surprise et d'effroi. La patronne quitta de suite la pièce et s'approcha de l'intruse. Asséfi, décontenancée, jura, prosternée aux pieds de Madame Dorvilus, que jamais elle ne parlerait à qui que ce soit de ce qu'elle venait de voir : "tonnè crasé m' si moin répété ça", que le tonnerre m'écrase si jamais je répète ce que j'ai vu. La servante fut quand même renvoyée dans le quart d'heure qui suivit mais avec beaucoup d'élégance. Elle obtint le double de sa solde et un beau cadeau-surprise à ouvrir à la maison seulement. Le paquet contenait quatre aunes de tissu blanc, un chapelet, un scapulaire, une paire de bas blancs, un foulard noir, un petit flacon d'eau bénite et un lot de cierges. Savez-vous à quoi tout cela devait servir ? Vous vous rendez compte ?

Asséfi s'en ouvrit à sa voisine car son papa-pitite, le sacristain de la paroisse, avait quitté la maison il y avait belle lurette. Commè Asséfi, répondit la voisine, Madame Dorvilus t'a donnée au diable. Aucun gangan, aucun papa-loa, aucun remède-feuilles, aucun simple, rien ne pourra te sauver. Il est trop tard pour consulter et tu as eu tord de vouloir percer le secret de ta patronne. Le paquet contient tout ce qu'il faut pour t'enterrer.

Antulia déglutit assez fort et continua : Ma cousine était terrorisée et ne parvint pas à chasser de son esprit l'idée de sa disparition prochaine. Elle mourut dans la nuit. Tout avait déjà été prévu par sa maîtresse en vue des funérailles, sauf qu'il ne resta pas assez d'argent pour préparer un manger-les-morts en son honneur. Avant de refermer le cercueil, la voisine y déposa une aiguille accrochée à une bobine de fil noir pour occuper la morte et répandit des grains d'indigo naturel, de maïs et de pistache grillée tout autour du corps. Paix à son âme. »

Antulia se tut un instant, la tristesse avait envahi tout son visage. Puis, elle reprit, se tenant la tête des deux mains, comme pour l'empêcher de tomber : Asséfi était une belle nèguesse à la peau claire. Elle est venue me visiter l'autre jour. J'ai reconnu de suite la chatte rousse assise sur la galerie d'en face qui me fixait du regard. Elle boitillait comme ma nièce.

Notre conteuse sortit très lentement son mouchoir, se frotta nerveusement le front et se signa.

C'était souvent le soir, sur un coin de la galerie de la rue Saint-Paul, quand la pleine lune éclairait la ville, que les domestiques de la maison nous disaient leurs contes. Le répertoire était interminable. Mes sœurs et moi nous ne perdions pas une once de leurs propos. C'était un passe-temps agréable quoique parfois si stressant que nous avions la chair de poule. Consciente de l'intérêt qu'elle suscitait - à l'époque il n'y avait pas encore la télé pour se distraire - Antulia se faisait souvent prier et réclamait un petit cadeau. Quelques onces d'*odeurs,* parfum, dans un petit flacon lui rendaient sa bonne humeur et déliaient sa langue.

Nous étions particulièrement friands d'anecdotes sur la recherche des trésors secrets. Notre narratrice avait alors de l'allant, se mettait parfois debout, mimait les scènes. L'ambiance était beaucoup plus gaie. Lucie et Germain, les deux autres "enfants" de la maison écoutaient eux aussi, silencieux.

11

LES TRÉSORS ENFOUIS

Du temps de ma petite enfance et peut-être encore maintenant, les trésors enfouis faisaient l'objet des rêves les plus fous de la part de mes compatriotes. À côté de la loterie nationale, puis de la *borlette* et de son dictionnaire, les *tchala,* nous avions nos chercheurs d'or. Les nôtres ne se mettaient pas au bord d'un fleuve avec un tamis, comme en Amérique du Sud, tentant de recueillir des pépites. Ils ne taquinaient pas des petits poissons mais s'adonnaient à la pêche au gros, au très gros poisson, avec des détecteurs de métaux. Quand un petit malin subodorait - à tort ou à raison, le plus souvent à tort - que de l'or pouvait être trouvé quelque part, les sondeurs entraient en action et les fouilles commençaient dare-dare. Il était toujours question de jarres enfouies dans la précipitation par des flibustiers ou par des colons français lorsqu'il leur avait fallu quitter Haïti à l'Indépendance en 1804 avec le ferme espoir de revenir les récupérer. Quand on remarquait une activité fébrile anormale dans la ville, le bruit courait alors que le petit groupe d'hommes partait ausculter le sol, à la recherche d'un trésor.

Il paraît que Bonaparte lui-même croyait à l'existence de ces fortunes enfouies à Saint-Domingue, le nom de Haïti à l'époque de la colonisation française. Après l'arrestation et l'incarcération de Toussaint Louverture au fort de Joux dans le Jura, il confia au général Caffarelli, le vainqueur d'Alexandrie, le soin d'interroger habilement l'illustre prisonnier pour soutirer des informations concernant son supposé trésor estimé à soixante millions or. Toussaint finit par l'éconduire au bout de plusieurs visites en hurlant : « Vous m'avez volé Saint-Domingue. Quant à mon seul trésor, c'est ma conscience. » Bonaparte ne désespéra point. Il savait que Toussaint Louverture était franc-maçon. Il lui dépêcha alors le consul Cambacerès, grand maître de la franc-maçonnerie, pour le visiter fraternellement et obtenir habilement les informations concernant le trésor enfoui. Le précurseur de l'Indépendance d'Haïti fut profondément dégoûté par une telle avidité et chassa violemment l'émissaire « Que Bonaparte ait le courage de me rencontrer et je lui révélerai où est caché mon trésor de guerre. »

« Henri-Christophe (1807-1820), président puis roi sous le nom d'Henri 1er, fit construire au Cap-Haïtien, son lieu principal de résidence, le fantastique palais Sans-Souci avec un système d'air conditionné constitué par l'écoulement de l'eau froide des rivières des montagnes sous les dalles de marbre du sol. Sur un piton rocheux surplombant la capitale et dominant toute la baie, Henri 1er érigea, en prévision de l'éventuel retour des Français, l'imprenable citadelle La Ferrière, du nom d'un architecte français et y installa son armée. » Un système de couloirs souterrains permettait de s'éloigner de dix kilomètres dans toutes les directions. Lâché de tous ses généraux, il se donna la mort d'une balle en or qu'il portait autour du cou. Ce mégalomane avait un trésor qui, dit-on, était enfoui dans les souterrains de la citadelle. Les Nord-Américains le cherchèrent en vain dans ce labyrinthe. A-t-il été retrouvé ? Il semblerait que François Duvalier utilisait dans ses réceptions officielles des couverts frappés aux armes de Henri 1er.

La tombe de Faustin 1ᵉʳ, située initialement dans le petit cimetière de Petit-Goâve, aurait été vandalisée car certains pensaient que ce collectionneur de bijoux avait été enterré avec ses trésors.

Plus récemment, j'ai appris de mon oncle Lucien Montas dans son livre *PETIT-GOÂVE* que des ancêtres de Pierre Mendès France, président du Conseil en 1955, ont vécu à Ti-Goâve où ils possédaient beaucoup de biens dont une importante exploitation agricole à Blaise, capitale de Trou-Canari, cinquième section rurale. Ils y auraient laissé des trésors enfouis à leur départ de la colonie vers 1780.

Du temps de ma petite enfance, soit environ cent cinquante ans après l'Indépendance, les trésors enfouis avaient dû tous être déjà retrouvés et celui qui ne pouvait expliquer une richesse douteuse arguait souvent qu'il avait retrouvé des jarres pleines d'or qu'un colon aurait abandonnées. Du coup, toute suspicion de malhonnêteté était écartée. Son argent était blanchi.

À Petit-Goâve existaient déjà dans les année 50 la concentration des entreprises (Soulouque-Macos), la mondialisation (Ébénisterie Metellus) le cosmopolitisme (Syriens, Libanais, Italiens, Français, Allemands, Canadiens etc.) et le blanchiment d'argent (vraie-fausse annonce de découverte d'un trésor enfoui). Nos soi-disant recettes nouvelles ne seraient que répétition de l'Histoire !!! « Tout est dit…l'on ne fait que glaner après les anciens. »

12

LA PETITE CHIENNE DES DANTÈS

Le ciel est bas. Il fait lourd. Quel contraste avec la journée d'hier. Je me rends ce matin à la rue Louverture, où ont habité les demi-sœurs de ma mère, les Donjon. La rue se réveille lentement. Du linge sèche sur les galeries, ce qui ne se faisait pas de mon temps. Sur mon chemin, tout semble délabré, en ruines. Pourtant, d'une cour me parvient un délicieux arôme. Un parfum que je connais mais que je n'identifie pas sur le coup. Je ralentis le pas pour finalement m'arrêter et me rapprocher de la maisonnée. J'entends le bruit régulier d'un pilon et je vois à la manœuvre une jeune femme armée d'un long manche en bois. Elle est vêtue d'un short blanc et d'un polo vert. L'odeur du maïs grillé se précise et le souvenir du *chamm-chamm*. me revient subitement à l'esprit. Qu'elle était bonne, cette poudre de céréale mélangée à un peu de sucre blanc.
-*Bonjou, cé chamm-chamm ouap'fait*, c'est du chamm-chamm que vous faîtes.
- Oui mussieu, oui monsieur.
Après que je lui eus dit que je n'en avais pas mangé depuis ma plus tendre enfance, désignant des petits sachets sur une table, elle me fait signe qu'elle en vend. J'ouvre un sachet, me verse un peu de cette poudre couleur chocolat dans la paume d'une main et la porte à la bouche. La mémoire me revient. Mon palais est en extase. J'ai à nouveau dix ans. J'en achète sur le champ une bonne dizaine. Ce n'est pas de la poudre de perlimpinpin, je vous assure. J'en aurai avec moi

pendant tout le temps que durera ce voyage difficile et chaque prise aura la vertu de tromper mon chagrin.

La maison où naquirent mes tantes et où elles passèrent toutes leurs longues vies s'était effondrée au cours du séisme de janvier 2010. Bien avant, elles s'étaient éteintes une à une. Elles avaient fait leur temps. Je refoule ma tristesse devant l'avalanche de souvenirs qui remontent : mes cinq tantes encore valides vont, viennent et papotent ; elles sont moins âgées que je ne le suis actuellement. Elles avaient la même taille, la même morphologie et je m'étais amusé à les prendre en photo alignées l'une à côté de l'autre. Ma génération aura remplacé la leur et s'apprête à disparaître à son tour.

Mes yeux se posent sur l'emplacement d'une maisonnette située à gauche de ce qui fut la demeure de mes tantes. C'est avec beaucoup de clarté que j'en revois les habitants, soixante ans après. La mère, madame Dantès, le fils, Alfred, la fille, Christiane et leur chienne blanche et noire. Alfred était connu de tous parce qu'il possédait un cheval marron qui déboulait imprudemment dans les rues de la ville.

Brusquement, le film d'une fin d'après-midi d'été des années 50 se déroule dans mon esprit et les personnages s'animent : Maman se rend chez ses sœurs, on l'entend pousser un cri qui alerte tout le quartier. La chienne de madame Dantès avait foncé droit sur elle et planté les crocs dans son mollet. Le docteur Tancrède arrive en moto chez les Bussé, comme tous les jours. Il s'arrête net. Il la fait rentrer chez les Donjon, examine la morsure, va jeter un coup d'œil à la chienne et administre une piqûre de pénicilline à maman qui est priée de se rendre à l'hôpital le lendemain.

Ce n'était pas son jour de chance à notre mère. Je l'avais entendue dire, le matin même, qu'elle s'était rendue à la rue Saint-Paul chez Ti Cat, sa coiffeuse attitrée, pour se faire défriser les cheveux. La catastrophe ! Ti Cat avait commis la maladresse de laisser le fer trop longtemps. Ce qui lui brûla quelques mèches de cheveu. La journée avait déjà commencé mal, très mal. Et voilà que ce *vieux-chien-pays*, chien moche qui n'est pas de race, venait de lui arracher le mollet. Maman n'était pas à prendre avec des pincettes. Elle était au bord des larmes.

Depuis ce jour où maman a été mordue, j'ai gardé une peur bleue des chiens. Pourtant, nous avons tous connu Tigre, l'espèce de panthère de la famille Moïse, la plus importante fratrie de Petit-Goâve, plus de onze enfants, capables à eux seuls de former une équipe de foot, disait-on. Tigre avait toute l'apparence d'un fauve. Pourtant, il était très gentil et errait parfois tout seul sur les galeries de la rue Lamarre. Je n'ai jamais osé le toucher, contrairement à Odilon.

13

LE NOTAIRE, LE BOGGIE ET LE SAPOTILLIER

En face de la maison des tantes se trouvait l'étude du notaire Éliude. Petit, mince, distingué, le teint ocré, le regard perçant derrière son binocle jaune, le notaire était propriétaire d'un boggie noir tiré par un cheval blanc. Son palefrenier le conduisait tous les matins à son travail et attendait patiemment jusqu'à ce que son patron se décidât à en repartir.

Tantôt le notaire déjeunait sur place, tantôt il repartait à la maison pour revenir en fin d'après-midi quand le soleil déclinait. Je le sais bien car le passage de l'attelage dans la ville n'était pas une mince affaire. À tour de rôle, les chiens, surtout les petits, impressionnés par la stature du cheval et le claquement des sabots, quittaient leurs galeries, aboyaient à tue-tête et poursuivaient le boggie de loin.

De mémoire de Petit-Goâvien, jamais, au grand jamais, je n'ai vu le moindre crottin par terre ni la moindre trace de pissat. Jamais je n'ai entendu un soupçon de hennissement. J'ignore s'il s'agissait d'un pur-sang mais je peux témoigner qu'il avait été bien dressé. Le Service d'Hygiène de la Ville n'eut certainement pas à s'en plaindre.

Dans la cour ombragée de l'étude, trônait un sapotillier d'une quinzaine de mètres de haut à qui je ne manquais pas de rendre visite en l'absence du notaire, tant ses fruits étaient délicieux. J'avais un allié dans la place. C'était Léo, beaucoup plus âgé que moi. Il habitait la petite maison je ne sais à quel titre. Il n'avait pas l'air de beaucoup apprécier les sapotilles ; le notaire, je n'en sais rien. Je ne m'embarrassais d'ailleurs pas de ces considérations. Assis sur la galerie des tantes, je guettais parfois les allées et venues de Léo et surtout le petit geste de connivence qu'il me faisait à chaque fois que le moment de la cueillette était arrivé.

J'ai appris, j'ignore quand, que le notaire était divorcé d'une sœur de Papy, Nelly, décédée depuis. Ils avaient été tous les deux francs-maçons, tout comme le grand-père d'Odilon ; et Papy, semble-t-il, ne se rendait plus à la loge de Petit-Goâve évitant ainsi de rencontrer son ex-beau-frère avec qui il était fâché. Cela n'empêchait pas Odilon et moi, bien entendu à l'insu de Papy, d'aller régulièrement souhaiter la Bonne Année à Éliude qui nous gratifiait de royales étrennes. Une fois, il était de si bonne humeur qu'il nous a même fait monter dans son boggie pour un tour de ville. C'était génial ! Nous avons fait la nique à tous les petits chiens hargneux. Il venait de pleuvoir. Nous sommes passés dans des mares et leur avons lancé des gerbes d'eau.

Que puis-je révéler d'autre au sujet de ce notaire qui ne s'est jamais remarié, qui disposait des sapotilles les plus succulentes de la ville et qui a tour à tour intrigué, amusé et agrémenté ma petite enfance ? À force de fouiller dans ma mémoire, il me remonte que Éliude n'était que le prénom du notaire. La charge était occupée par maître Éliude Rodriguez.

Une autre information surgit brusquement du plus profond de mes entrailles : On disait Éliude élitiste. Dans sa jeunesse, en 1902, il fut un fougueux partisan de l'intellectuel Anténor Firmin que tout Petit-Goâve défendit d'ailleurs contre le général Nord Alexis dans la course à la présidence. La ville fut prise d'assaut, pillée et incendiée. Éliude fut à deux doigts d'être fusillé.

Dans Petit-Goâve intra-muros, je connaissais tous les emplacements de sapotilliers, un arbre béni des Dieux - il y en avait six ou sept, pas plus - et je partais souvent en repérage de l'état de maturation de leurs fruits que j'appelais des boules de sucre. Malheureusement, ils ne mûrissaient que deux fois dans l'année : juin-juillet et décembre. Métellus me disait que le sapotillier était un bois très résistant qu'il aimait employer en ébénisterie et qui donnait de surcroît un bon poli. Ces petits fruits étaient si sirupeux qu'ils avaient aussi la préférence des mes sœurs face aux *queneppes* et aux ananas parfois aigres car les croyances disaient que les filles arrivées à la puberté ne devaient pas abuser de fruits trop acides car elles couraient le risque d'être *supprimées,* ne plus avoir leurs règles.

Que j'étais perfide . J'utilisais cet argument auquel je ne croyais qu'à moitié pour modérer les appétits de mes sœurs. « C'est pas très bon pour vous. *Yo su,* ils sont acide*s.* » Et la part du lion me revenait.

Devant l'ancienne étude du notaire Éliude, je ne retrouve ce matin qu'un amas de détritus.

14

LES VOISINS ALLEMANDS

À droite de chez les tantes, juste en face de l'étude du notaire Éliude, vivaient les Bussé, des immigrants allemands. Ils avaient depuis quelques années remplacé leurs compatriotes Albert et Carlo Reyer comme locataires du second étage de la grande maison de tante Amarante qui avait appartenu à Joseph Surville, un écrivain petit-goâvien, ancien consul de France, qui nous légua ses mémoires.

Le rez-de-chaussée était occupé par un bureau de poste et plusieurs petits commerces dont la quincaillerie de Punaise et le bric-à-brac d'Anne-Marie C. Je me souviens comme si c'était hier du mariage de Punaise. À cette occasion, beaucoup de blagues circulèrent concernant les préparatifs de la cérémonie, sur la décoration de la maison qui devait accueillir les tourtereaux.

Les Reyer avaient toujours fait partie du paysage. À telle enseigne que, pour nous les gamins - j'ignore pourquoi - faire un *albert* signifiait dire un mensonge, faire une plaisanterie. Et souvent, nous lancions : Albert Reyer. Ce qui voulait dire : Blague, mort de rire. De nos jours c'est comme le LOL, en langage SMS.

Si Carlo Reyer était une armoire à glace, s'il parlait haut et fort, Bussé était discret et mince alors qu'il était un grand buveur de bière. Il invitait régulièrement le père d'Odilon en fin d'après-midi à en siroter une ou plusieurs, je n'en sais rien, et sa présence était signalée par la moto NSU garée devant le portail des Bussé. Depuis que mon grand-père m'a rappelé par le menu l'affaire Luders qui se passa sous la présidence de Tirésias Simon Sam (1896-1902), les Bussé me sont antipathiques.

Papy avait tout juste dix-neuf ans quand éclata l'affaire Luders en 1897. Luders, citoyen allemand, fut condamné à un an de prison pour avoir frappé un policier haïtien dans l'exercice de ses fonctions. La diplomatie allemande obtint sa libération. En échange Luders dut quitter le pays. Deux mois plus tard, deux bateaux de guerre allemands jetèrent l'ancre à Port-au-Prince pour exiger dans un délai de quatre heures le retour de Luders en Haïti, son indemnisation par une coquette somme de vingt mille dollars US, une lettre d'excuses au gouvernement de Berlin et un salut de vingt et un coups de canon au drapeau allemand. Haïti capitula.

Le président Lescot, le protégé de Washington, n'aurait pas oublié ces avanies. Après le bombardement de Pearl Harbor, il déclara la guerre à l'Allemagne et à tous les pays fascistes le 12 décembre 1941. Le führer aurait souri puisque Haïti ne disposait même pas d'un avion de chasse en état de voler. Sur sa lancée, Lescot fit arrêter et emprisonner tous les ressortissants allemands et Italiens, confisqua tous leurs biens, qu'il fit distribuer à ses amis.

La famille allemande Reinbold perdit son empire : usines d'huile de cuisine et de savon, biens immobiliers, import-export de coton et de café, points de vente dans toutes les grandes villes du pays au profit de O.J. Brandt, qui, grâce à sa fortune estimée à plusieurs fois le budget national, joua un rôle essentiel dans la politique haïtienne pendant environ cinq décennies, sans prendre la nationalité du pays d'accueil. Ce Britannique petit et épais, né à la Jamaïque, parlait mieux créole que français et disait aimer Haïti. On raconte que c'est ce même O.J. qui sauva la mise à Papa Doc qui ne pouvait pas terminer les travaux de la grand-rue de Port-au-Prince où de l'herbe commençait à pousser. Il acheta deux millions de dollars de bons du gouvernement. Paiement garanti par une taxe de cinquante centimes sur l'essence.

Le bombardement de Pearl Harbor, en coupant la route orientale des huiles essentielles, fit aussi la fortune du sénateur Louis Déjoie, challenger de François Duvalier en 1957. Cet agronome possédait des plantations de vétiver pour la fabrication de ces huiles essentielles et les Nord-Américains se tournèrent alors vers lui. Il devint subitement très riche.

Certains après-midi, alors que le docteur Tancrède buvait sa bière chez les Bussé, nous enfourchions gentiment sa moto garée devant le grand portail et nous partions pour une balade en NSU vers la Petite-Guinée et Lacul. Herr Bussé nous devint sympathique, très sympathique. Il était devenu notre allié. Et nous sourions avec malice quand se faisait dans la journée la livraison de caisses de bière.

Nous fûmes extrêmement surpris et attristés de voir un matin des déménageurs emporter les affaires des Bussé qui quittaient la ville. Ils étaient bien rentrés dans notre vie. La maison qu'ils habitaient était si grande, la construction si imposante avec ses colonnes massives et ses somptueuses arcades qu'un Français du nom de Coquelin décida d'en faire un hôtel de luxe qui s'appellerait le Relais de l'Empereur. Il offrira plus tard l'hospitalité à des célébrités du monde du cinéma.

Il ne reste plus rien de ce bel établissement. Quand il s'effondra, il paraît que la populace emporta tout ce qui pouvait encore être récupéré, même les portes. Je viens d'apprendre qu'un imposteur, muni d'un faux titre de propriété, en avait vendu une parcelle de terrain.

15

BALADES EN NSU

Dans les années 50, NSU était le fabricant de motos le plus performant du monde, détenteur de record de vitesse dans toutes les cylindrées. Cette information nous avait été communiquée par Poupon D, le fils du second propriétaire de NSU dans la ville après le père d'Odilon. Il était un poil plus âgé que nous et son papa l'autorisait à utiliser la moto. Ce qui aiguisait nos appétits et justifiait nos audaces. Les tours de moto répétitifs des fins d'après-midi d'été avaient commencé à nous paraître de plus en plus courts. À quelque chose malheur était bon. Il fallait vite trouver à quoi était bon le départ des Bussé.

Le docteur Tancrède s'était rendu, comme tous les jours, à l'hôpital Notre-Dame où il avait sa consultation. Nous allions souvent lui rendre visite pour chercher de l'argent de poche mais ce matin-là, accompagnés de notre ami Leslie G, nous ne souhaitions pas le rencontrer. mais seulement "emprunter" la fameuse NSU garée dans la cour à l'entrée de l'établissement. Nous devions avoir quatorze ou quinze ans. J'interrogerai Odilon à ce sujet. Leslie était encore plus excité que nous. C'était son premier tour de moto alors que Odilon et moi nous l'avions déjà si souvent utilisée. Le docteur ne la verrouillait jamais. Toute la ville la connaissait. D'ailleurs qui se permettrait de toucher au moyen de locomotion d'un médecin du service public qui consacrait sa vie à faire du bien ? Il y avait certes à l'époque un autre assistant à l'hôpital et aussi un administrateur, le docteur Kesner Saint-Louis; mais le docteur Tancrède, venu très jeune des Baradères, une localité du Sud du pays, était de loin le plus impliqué dans la ville. Ne devait-il pas devenir le président de la Fédération Petit-Goâvienne de Football ?

Leslie était donc arrivé, tout guilleret, les cheveux gominés, sa raie de côté, cintré dans son jean délavé et rehaussé par des bottes de cow-boy pointues. D'après la position du soleil, il était tôt. Le docteur venait donc à peine d'arriver. Nous disposions de beaucoup de temps. Il suffisait de ramener la moto une bonne heure avant la fin des consultations pour laisser refroidir le moteur. Nous enfourchâmes donc la NSU, Odilon à la commande, Leslie à califourchon sur le réservoir d'essence et nous mîmes le cap vers le sud, évitant toujours la route de Port-au-Prince à cause de la difficile et périlleuse traversée du mont Tapion, dont l'altitude de six-cent quatre-vingt-douze mètres nous paraissait énorme.

Ce fut sur le chemin du retour que les choses se compliquèrent un peu après que Leslie voulut monter à l'arrière et que Odilon m'eut cédé sa place. À Première Plaine, la moto ralentit sa course en raison d'une côte. Nous nous retrouvâmes en plein milieu d'une bande de *raras* et nous prîmes peur tous les trois. Trop engagé pour rebrousser chemin, je rétrogradai brutalement ; ce qui souleva la moto et nous fit faire un sérieux bon en avant. Le danger était derrière nous et je me souvins qu'Odilon poussa un ouf de soulagement.

Un bon quart d'heure plus tard, je voulus parler à Leslie qui, curieusement, resta muet comme une carpe. J'insistai mais ce fut en vain. Nous avions perdu notre ami. Nous stoppâmes la moto pour conclure devant l'évidence que la bande de *raras* avait kidnappé Leslie.

Odilon, toujours opiniâtre et courageux, décida que nous rebrousserions chemin pour rechercher notre camarade. Nous vîmes peu après arriver un Leslie essoufflé, suant à grosses gouttes et courant au bord de la route, les bras levés vers le ciel et les mains fortement contusionnées par la chute. Il fut si heureux de nous revoir qu'il ne nous adressa aucun reproche. Notre camarade reprit vite fait sa place sur le réservoir et nous rentrâmes en ville pour poser la NSU en toute innocence.

Nous nous souvînmes Odilon et moi de la chute qu'il avait faite deux années auparavant sur cette même route au retour de Miragoâne alors que nous nous trouvions à l'arrière du pick-up de son père.

16

COUP DE FILET DANS LA VILLE

Le soleil est radieux. Il tombe une douce chaleur sur la ville. Devant l'École Nationale des Garçons, un épisode de la vie de ma mère me revient à l'esprit : un panier à salade s'arrêta devant sa classe ; deux policiers en uniforme, armes au poing, y firent irruption, la tinrent en joue et lui intimèrent l'ordre de les suivre sur demande du commandant du district. Ses oreilles se mirent subitement à bourdonner. Selon son habitude, elle se gratta ostensiblement le menton, pour signifier qu'elle était contrariée.

-Je ne peux m'absenter et laisser mes élèves sans surveillance. Permettez que je prévienne Monsieur le Directeur.

- Faîtes vite, s'entendit-elle répondre avec impatience, et les policiers l'accompagnèrent jusqu'à la direction. Ses jambes vacillaient.

Il pleuvait à seaux ce matin-là et des éclairs zébraient le ciel. La camionnette démarra comme un boulet de canon. Ma mère se retrouva prestement derrière les murs ocres des casernes Soulouque, la peur au ventre. Elle fut aussitôt jetée dans une obscure petite pièce où croupissait déjà l'ex-capitaine Faubin, ancien commandant de la place de Petit-Goâve. Le militaire, qui avait été révoqué à l'arrivée de François Duvalier, sourit calmement et lui souhaita la bienvenue. Ils entendirent ensuite le véhicule repartir en trombe.

Un quart d'heure plus tard, le vrombissement d'un moteur attira leur attention. Et tante Lola, l'ancienne adjointe au maire, la plus imposante des sœurs Donjon, les rejoignit, la mine renfrognée, manifestant un grand étonnement à la vue de ses nouveaux compagnons de cellule.

Le panier à salade s'éloigna et peu après emmena le directeur et le sous-directeur de la succursale petit-goâvienne de la Banque Nationale où travaillait tante Lucette après qu'elle eut été la collaboratrice de Papy à la préfecture, sous la présidence du colonel Magloire.

L'ancien préfet était ébranlé. Impuissant face aux événements, il envoya le fidèle Berthier chercher ses petites filles à l'école ; la famille était en émoi. La maison de Papy tout comme celle des tantes se remplit de visiteurs compatissants. La rumeur de ces arrestations se répandit rapidement dans notre petite ville, de la Hatte à la Petite-Guinée. Les plus timorés se réfugièrent dans la clandestinité. L'unique banque de la ville dut fermer ses portes, privée de sa direction. Son Président-directeur général fut avisé à Port-au-Prince pour qu'il intervînt auprès des autorités de la capitale. Papa Doc faisait régner la terreur. Les militaires étaient à sa solde. Ne venait-il pas de remplacer à la tête des Forces Armées le général Kébreau qui l'avait fait roi par Maurice Flambert, son homme de confiance ?

Le capitaine, commandant du district, reçut les cinq prisonniers dans son bureau. Ils étaient accusés de complot contre la sûreté de l'État.

«... Il s'agit là d'un chef d'accusation très grave qui dépasse mes attributions. Vous serez tous transférés séance tenante à Port-au-Prince jusqu' au Grand Quartier Général des Forces Armées.»

Ma mère raconta qu'elle devint livide, que son cœur se mit à battre la chamade et qu'elle trembla ostensiblement. L'un des banquiers faillit souiller ses habits. Il haletait d'émotion. Ils étaient tous des anciens partisans du sénateur Louis Déjoie, le challenger de François Duvalier. Certains, comme maman, avaient participé dans la ville à des meetings de soutien au candidat de la bourgeoisie, allant jusqu'à sillonner nombre de sections rurales de Petit-Goâve ; mais la campagne était bel et bien terminée. Qu'est-ce qui justifiait ce coup de filet à Petit-Goâve ?

Le panier à salade prit aussitôt la direction de la capitale. Les prisonniers étaient escortés de deux policiers à l'avant et de quatre à l'arrière. L'atmosphère était lourde, le silence angoissant. Seul l'ancien capitaine paraissait détendu. Il ironisait sur la balade qu'ils faisaient jusqu'à Port-au-Prince aux frais de l'État, allant jusqu'à demander aux policiers s'il était tenu de revenir rapidement à Petit-Goâve parce qu'il aurait aimé passer quelques jours dans la capitale.

Au Quartier Général des Forces Armées, une grande bâtisse blanche non loin du Palais National, un officier annonça aux Petit-Goâviens après deux heures d'attente qui semblèrent durer deux années, qu'ils seraient interrogés séparément par le chef d'état major en personne. Tante Lola fut la première à pénétrer dans un impressionnant bureau. À la droite du Général, elle reconnut l'Accusateur Militaire, le redoutable Procureur des Armées.

C'est ma petite sœur Flore qui m'a raconté par le menu cet épisode de la vie de notre mère. Elle vivait encore à Petit-Goâve chez Papy alors que j'étais déjà parti pour la capitale chez mon père. Je fréquentais alors le Petit Séminaire Collège Saint Martial. Ironie du sort, parmi mes camarades de classe, il y avait le fils du général Flambert et à cette époque nous faisions ensemble tous les midis le chemin de l'école au quartier du Sacré-Cœur. Après le repas, il me reprenait régulièrement chez ma tante Cora qui habitait non loin de chez lui et nous repartions au Séminaire.

Et dire que c'était son père qui a eu droit de vie et de mort sur ma mère !

17

MA REGRETTÉE MAMAN

Il paraît que la plus belle ville au monde est celle dont on connaît les prénoms des occupants des maisons. En qualité de natif natal Ti-Goâve, bien après que ma mère eut quitté Haïti pour les Etats-Unis, nous nous adonnions souvent à notre promenade favorite : passer en revue les rues de notre ville et se rappeler les familles qui occupaient chaque demeure. Jusqu'à la fin de sa vie, maman n'avait aucune lacune de mémoire ; elle n'avait non plus rien perdu de sa verve et de son humour alors qu'elle a traîné longtemps son hémiplégie gauche. Si elle continuait à s'exprimer dans un français correct, elle maniait encore mieux le créole, utilisant des expressions imagées, colorées, idiomatiques qui forçaient mon admiration et illuminaient mon visage. Elle me manque, maman.

Elle osait s'exprimer en anglais aussi. C'est avec beaucoup d'aisance qu'elle décrochait son téléphone à grosses touches, composait de mémoire le numéro du Chinois du coin, passait sa commande de nourriture, raccrochait puis jetait un regard en dessous à son entourage comme pour le prendre à témoin de sa connaissance pratique de la langue américaine. J'enfonçais parfois le clou en lui lançant : « Formidable ! On voit bien que tu es née sous l'Occupation américaine et que tu étais destinée à vivre chez eux. »

Je ne peux résister à l'envie d'ouvrir une parenthèse sur les inquiétudes de ma mère quant à la vieillesse, la maladie et la mort. Pour la consoler de ses douleurs chroniques, je lui répétais que si après soixante ans on n'a mal nulle part, c'est parce qu'on est déjà mort. Elle souriait, se rassurait. Quand elle se plaignait de ses séjours répétés et de plus en plus rapprochés au New York Hospital of Queens, je lui disais : « Voyons, maman, tu es maintenant une *bogota,* très vieille guimbarde. C'est normal que tu aies à rentrer de temps en temps au garage pour un *graissé-serré,* graissage et révision. » Et je l'entendais peu après expliquer à son amie Germaine qu'elle était rentrée à l'hôpital pour un graissé-serré. Ma mère avait peur de la mort et redoutait par dessus tout de mourir *en détail* comme elle disait, c'est à dire : dans un accident, disloquée. Ce qui est dur dans le fait de mourir, c'est que tu meurs à vie (définitivement) confiait-elle. Surprise de cette curieuse alliance de mots, elle riait de bon cœur. Nous aussi.

Je rapportai un jour à maman un conte transmis par les frères Grimm sur l'interprétation des âges de la vie que j'ai lu dans *La Vieillesse* de Simone de Beauvoir. « *Dieu avait assigné trente ans de vie à l'homme et à la plupart des animaux ; l'âne, le chien, le singe obtinrent qu'il retranchât respectivement dix-huit ans, douze ans et dix ans au chiffre proposé, une si longue vie leur semblant pénible. Moins sage que les animaux, l'homme ne comprit pas que la longévité devait se payer par la décrépitude, il demanda une prolongation. Il obtint les dix-huit ans de l'âne, les douze ans du chien, les dix ans du singe. Il a donc soixante-dix ans de vie. Les trente premières années sont siennes et passent vite. Arrivent ensuite les dix-huit ans de l'âne pendant lesquels il porte sur les épaules fardeau sur fardeau. Puis viennent les douze ans du chien, au long desquels il ne fait que grogner en se traînant d'un coin à l'autre parce qu'il n'a plus de dents pour mordre. Quand ce temps est passé, il ne lui reste plus pour finir que les dix années du singe. Il n'a plus toute sa tête, il fait d'étranges choses qui font rire et se moquer les enfants.* » Ma mère écouta avec beaucoup d'intérêt. Et, en bon public, elle acquiesça avec un sourire amusé.

Il est arrivé parfois à maman de mettre en scène sa propre mort. Elle se reprenait assez rapidement et changeait vite fait de conversation. Elle demanda un jour à Sory, qui s'est le plus occupée d'elle, de veiller à ce qu'elle soit bien coiffée et présentable quand on exposera sa dépouille. Elle se laissa aller une fois jusqu'à anticiper la réaction de chacun de ses enfants le jour où elle tirerait sa révérence.

Ces quelques réminiscences sur les toutes dernières années de vie de ma mère ne sont nullement des digressions. Elles s'intègrent dans le paysage petit-goâvien où elle est omniprésente. La disparition de ma mère à quatre-vingt-sept ans bouscula toutes mes certitudes. Je me croyais prêt à la voir partir un jour puisqu'en ce domaine on ne peut faire de miracle. J'ai compris à cette occasion qu'il y avait une substantielle différence entre l'idée et la réalité de la mort. La mort existe, on le sait. Quand elle est là, c'est une autre paire de manches. Ma relation avec la mort devint moins théorique, moins cérébrale. Je fus fortement secoué. J'ai pleuré sur maman. J'ai sans doute aussi pleuré sur moi-même. Non que je n'aie jamais perdu quelqu'un de proche depuis que je suis devenu adulte. Ma sœur Dado décéda à trente-trois ans. Elle vivait déjà dans la Grosse Pomme. Malgré ma peine, son départ fut considéré comme un accident de parcours. On ne meurt pas si jeune. Quand mon père mourut à son tour dans le sud de la France, dans sa soixante-douzième année, j'étais encore relativement jeune, pris dans le tourbillon de la vie active. La mort ne concernait pas encore ma génération. Par la suite, j'ai pensé avec beaucoup de mansuétude au déroulement de sa vie, à ses joies, à ses peines, aux combats qu'il a dû mener au cours de son existence.

*

J'avais laissé ma mère un bon paquet d'années plus tôt au Quartier Général des Forces Armées d'Haïti, ruminant son chagrin et attendant, le corps glacé par la peur, le cœur meurtri d'impatience, que le Chef d'état major daigne la recevoir comme annoncé. Quand vint enfin son tour, elle fut en effet introduite dans le grand bureau du général Flambert. Elle était terrorisée.

-...Vous êtes accusée, Madame, de subversion de l'État. Vous participez régulièrement à des réunions politiques qui pourraient troubler l'ordre public.

Les jambes de ma mère se liquéfièrent et elle faillit s'effondrer. Le général la regarda sans ciller. Reprenant ses esprits, l'accusée gazouilla presque tremblotante : Sauf votre respect, mon Général, je vous assure que ces informations sont fausses.

- Dans ce cas, Madame, pourrez-vous m'expliquer pourquoi vous vous rendez certains soirs chez Madame Lola Donjon et que vous y restez fort tard en compagnie de certaines personnes peu recommandables ?

- Nous ne parlons jamais politique, mon Général. Je peux vous l'assurer. Vous semblez ne pas savoir que Lola est ma sœur et qu'elle partage la même maison que nos trois autres sœurs.

- Je l'ignorais, en effet, Madame, répondit affablement le Général. Je sais par contre que vous étiez mariée au petit architecte qui a construit les lycées d'Arcahaie et de Baradères. Il y a certainement dans Petit-Goâve des gens qui veulent vous briser. Rentrez chez vous, Madame, et faites bien attention.

Le panier à salade quitta Port-au-Prince en fin d'après-midi avec les Petit-Goâviens. Beaucoup de personnes haut placées avaient intercédé chaleureusement en leur faveur dont l'influent PDG de la Banque Nationale. Ils auraient été tout à fait soulagés s'il n'avait manqué un des leurs à l'appel. L'ex-capitaine n'avait pas reparu. Était-il resté dans la capitale comme il le désirait ?

La nuit était déjà tombée quand maman fut ramenée, toute fatiguée, toute chiffonnée par un voyage musclé à

Port-au-Prince. Elle se laissa tomber sur le divan de la salle de séjour pour reprendre ses esprits. Elle était encore commotionnée. De tous côtés, les gens accouraient et emplissaient les galeries et le rez-de-chaussée. Telle voisine arriva avec un consommé de poulet tout chaud. Telle autre avec une crème à la glace au fort parfum de corossol. Faride, la marchande de *fritaille* d'en face, avait fait livrer du *griot*, des bananes pesées et des marinades tandis que le café-restaurant de Mérilia Pierre avait offert spontanément du cola et une bouteille de *crémas* bien frappée. La kermesse battait son plein. Plus que rassurée, la salle toute entière était aux anges. Il ne manquait aucun collègue de l'école Borno Lamarre. Même le directeur, Pè Dumont, était présent. Rien d'étonnant à ce que la population témoignât tant de sympathie envers maman. N'était-elle pas la plus généreuse, la plus charitable, la plus extravertie de la famille. Elle frayait avec tout le monde, riche ou pauvre. Ce qui faisait dire qu'elle était une vraie "démocrate".

Une crainte subsistait chez Papy : que le commandant du district n'interprétât l'effervescence spontanée provoquée par la libération de ma mère comme une bravade, un défi au pouvoir. Maman resta de longs mois sur le qui-vive. Les rencontres du soir sur les galeries des Donjon s'espacèrent. Elle nous raconta peu après un de ses rêves prémonitoires, comme le faisaient la plupart des femmes de l'époque : *Son lit était envahi de rats. Une sorcière surgit dans la nuit et lui signifia qu'elle était en grand danger. Au petit matin, "bride sou cou", elle se réfugia sur une île déserte, emportant pour unique habit un uniforme kaki de militaire.*

L'ex-capitaine Faubin qui avait fait partie de la rafle n'est jamais reparu à Petit-Goâve. Il aurait été aperçu pour la dernière fois à Fort-Dimanche, un sinistre pénitencier de la capitale. Il gisait parmi les macchabées dont le pouvoir allait se débarrasser.

Le corps des tontons-macoute avait été créé quelques années auparavant, en juillet 1958, après qu'un commando de partisans de l'ex-président Magloire, composé de deux mercenaires blancs et de trois anciens officiers mulâtres, eut occupé les Casernes Dessalines. Ces Volontaires de la Sécurité Nationale, avaient pour mission d'assister l'armée et de la neutraliser.

18

OFFICIER-LES-BAINS ET LE HOUNFORT

Malgré les torrides rayons de soleil qui m'accablent, comme au bon vieux temps, j'enfourche un vélo et je longe la grand-rue. Il est bien plus agréable de rouler sur l'adoquin. À la sortie de la ville, j'ai quelque mal à reconnaître le mausolée de l'empereur Soulouque inauguré par mon grand-père en 1954. L'environnement est sale et déprimant. Le mausolée en lui même est délaissé et en triste état. L'usine électrique de EDH, juste en face, est délocalisée vers le morne Tapion sur la route de Grand-Goâve. Un petit local est conservé pour le règlement des factures. La route vers la Petite-Guinée est difficile. Je franchis le lit desséché de la rivière Coutis, juste en amont de ce qui fut la *guldive* du docteur Tancrède et je me retrouve à Lacul, sur la plage d'Officier-les-Bains.

Pas une brise dans les feuilles de cocotier. On entend simplement le moutonnement des vagues. C'est ici, dans l'Anse de Lacul, que les flibustiers fondèrent Petit-Goâve en 1663, attirés par son immensité et son calme qui leur permettraient de cacher leurs butins et leurs repères. Et la ville se déplaça ensuite vers le Nord.

À une heure trente en bateau à moteur de Port-au-Prince, Officier était, sous l'occupation des USA (1915-1934) "la Station Balnéaire de l'État" car les cadres nord-américains y prenaient leurs quartiers toutes les fins de semaine. De nombreux Petit-Goâviens étaient exaspérés par l'arrogante présence de ces envahisseurs racistes qu'ils exécraient profondément. Mon grand-père, membre de l'Indigénisme, un parti nationaliste, démissionna de son mandat de député parce qu'il trouvait Sudre Dartiguenave, le nouveau président, trop servile à l'égard de l'Occupant. Les mulâtres, présomptueux, étaient remis en selle, comme au temps de Pétion et de Boyer. Les Marines se pavanaient, méprisants. La plupart venaient du Sud des Etats-Unis car "réputés pour leur habileté à mater les Nègres". Il est vrai que l'élite haïtienne mulâtre se considérait plutôt de culture française. Elle étudiait en France, s'y faisait soigner, prenant les Nord-Américains pour de très rustres personnages.

« Pour stabiliser leur conquête et neutraliser cette élite, les Américains entreprirent d'élargir la fonction publique aux classes moyennes noires. Ce fut après cette occupation que l'influence américaine supplanta l'influence européenne dans les habitudes de vie, les échanges commerciaux, le langage, les méthodes de production. »

Plus récemment, du temps de mon enfance, nous venions régulièrement à Officier nous prélasser sur son sable noir. Les cabines et les parasols de l'Occupant avaient disparu mais la gamme de couleurs qu'affichait cette mer lisse, la profondeur des eaux nous incitaient à la baignade et à la plongée. Et chacun repartait avec sa collection d'étoiles marines géantes, les unes plus ravissantes que les autres.

Je regarde ce matin la plage que j'ai beaucoup fréquentée et je ne la reconnais pas. Où est passée la haie touffue de cocotiers qui autrefois s'étendaient en éventail ? Pourquoi ne sont-ils plus peints en blanc jusqu'à environ deux mètres du sol. Pourquoi ce sol n'est-il plus sarclé ? Où se trouve la petite piste circulaire faite de ciment qui a permis à notre petite bande d'esquisser ses premiers pas de danse ? Où sont les baigneurs du samedi ? Gérard et Jean-René avaient de la tendresse pour cette plage.

Brusquement sur le rivage m'apparaissent deux gamins : un grimaud et un marabout. Mondon, taquin et moqueur, lance à Odilon : Et s'il surgit un requin. Il paraît qu'il en rôde souvent ici.

La mine réjouie, Ti Tonton, comme l'appelait son grand-père, *tchipe* puis rétorque, narquois, tout en piquant une tête dans l'intrépide vague qui s'apprêtait à lui casser le dos : je me réfugierais sur le dos d'une baleine pendant que toi tu te ferais avaler tout entier.

Je vois ensuite se profiler à l'horizon une foule très dense. Au fur et à mesure qu'elle se rapproche, je distingue des hommes et beaucoup de femmes, vêtus pour la plupart de blanc et portant des fichus rouges. Certains portent des tambours, d'autres des bambous, des *tchatchas*, des flûtes, des instruments à vent. On dirait un orchestre ! Ce ne peut être une *bande de raras*, me dis-je car ce n'est pas la période du carême.

Le groupe approche, ils sont bien une trentaine. Je vois déambuler des femmes maquillées au rocou, portant des jupes de couleurs vives, des mantilles rouges, les cheveux ornés de tresses de sisal colorées, des paquets en équilibre sur la tête. Je sors rapidement de l'eau. Je me sèche. Juste à côté de moi se trouve un vieux monsieur décharné, courbé sur sa canne. Il est lui aussi intéressé par le spectacle. Il sourit avec l'air d'en savoir un peu plus que moi. J'apprends qu'il se prépare une cérémonie vaudou.

Je suis habillé en un tournemain et en compagnie du vieux grand-père, qui doit être plus jeune que moi, je me joins au petit groupe qui grossit et grossit. Nous poursuivons notre marche pendant environ deux kilomètres et nous nous approchons du *hounfort*, temple vaudou. Le *lambi* retentit pour sonner le rassemblement. Quelques personnes se relaient sous une cascatelle, d'autres se savonnent des pieds à la tête. Les murs de la maison de tôle sont tapissés de larges tentures noires ; le sol est couvert de signes cabalistiques. Les offrandes sont posées sur l'autel, nourriture et boissons, ainsi qu'une profusion d'objets emblématiques chargés d'obtenir la protection des *loas*, esprits intermédiaires entre le Créateur et les humains. L'orchestre se déploie. Les gesticulations commencent. Les participants se prosternent au sol, embrassent les signes cabalistiques, rentrent en transes, s'évanouissent, tombent ostensiblement à la renverse, confiants que des bras charitables les recueilleront. Des plateaux de nourriture circulent, des calebasses de boissons, des *cuis* de riz, de petit mil et de pois Congo. On reconnaît nettement le *houngan* qui officie avec sa redingote noire et son haut de forme. On dirait le *Baron Samedi*. Un homme en chemisette, la tête ceinte d'un foulard rouge, se saisit d'un coutelas et égorge un petit cochon noir. Le sang est recueilli dans des *cuis* et distribué aux participants. J'avais assisté à Salvador de Bahia à une soirée de Candomblé. C'est la première fois que je vois dans mon propre pays une authentique cérémonie de vaudou. Avant de quitter le *hounfort*, encore tout ému, je vais me recueillir un instant devant une fosse commune où sont ensevelies certaines victimes du tremblement de terre. Les croyances vaudou veulent que les morts par accident donc partis tôt gardent beaucoup de force avec eux. On les enterre séparément quand c'est possible.

Je donne un billet de cent gourdes au vieux monsieur qui m'a introduit dans les lieux et je me dirige vers le vélo qui m'avait conduit à Lacul. Le soleil darde à plomb ses rayons. Le vélo a disparu. Mes recherches sont vaines. Personne ne l'aurait même aperçu garé dans les parages ! L'antivol n'a donc servi à rien ! Je me console en pensant que l'essentiel est que l'on n'ait pas kidnappé le *diaspora* que je suis.

À vrai dire, je n'ai pas peur de circuler dans Petit-Goâve. Peur de qui ? Peur de quoi ? Souvent je suis dévisagé. Souvent je capte des regards interrogateurs qui se demandent ce que je fais dans la ville. Je leur dirais volontiers que je suis tout aussi chez moi qu'eux, que je suis un enfant du pays, un natif natal qui a même l'avantage de l'ancienneté par rapport à la plupart d'entre eux, la seniority comme disent nos compatriotes d'Amérique du Nord. Je suis à la rigueur un Petit-Goâvien "hors sol".

J'attends une bonne demi-heure dans l'espoir que le vélo me sera restitué moyennant un peu d'argent. Peine perdue. Un jeune homme propose finalement de me raccompagner en ville avec son vélo. Assis sur le cadre de sa bicyclette noire Raleigh, une marque américaine, je me contorsionne pour éviter que mes pieds ne touchent terre. La barre me scie les fesses. Finalement, nous décidons d'un commun accord d'inverser les rôles. Mes mollets sont mis à contribution. Mon cœur aussi. Je transpire toutes les gouttes de mon corps. Encore heureux que le chemin soit plat d'un bout à l'autre. Nous le parcourons lentement et je profite de chaque moment. À l'entrée de la ville, une vieille dame au turban rose, fumant le *cachimbo*, vend au bord de la route sa cargaison de sapotilles. Ce sont les dernières de la saison, martèle la marchande pour justifier son tarif considérable sans imaginer un instant que je les arracherais à n'importe quel prix. Je m'arrête sur le champ et m'empare de tout, même du panier de paille qui les contient. La Sapotille est pour moi l'icône de Petit-Goâve.

Cette petite balade à pas de tortue me remet plein de souvenirs à l'esprit. Heureusement que j'ai toujours avec moi quelques petites coupures de gourdes qui sont d'une grande utilité. Je renouvelle régulièrement mon stock car souvent, dans Petit-Goâve, je vois tourner des gens autour de moi ; je les vois passer et repasser, m'octroyant un certain périmètre pour me mouvoir avant d'attaquer. Un homme d'une quarantaine d'années se présenta à moi hier midi. Il affirma que son père, de regrettée mémoire, a fréquenté l'École des Frères, qu'il était dans la même classe que moi et qu'il lui a souvent raconté, en des termes très élogieux, les quatre cents coups que nous faisions ensemble. Le nom de mon soi-disant ancien camarade n'eut aucun écho dans ma mémoire qui est pourtant très fidèle. L'homme se mit à m'expliquer qu'il n'avait jamais quitté Petit-Goâve et que la vie était devenue très difficile pour lui et sa famille. Sa femme était malade et ses six enfants n'avaient pas encore "*goûté sel de Dieu*" de la journée. Quand il a su que c'était moi, l'ancien ami de son père, insista-t-il, il s'est dit tout de suite que c'est le ciel qui m'avait envoyé, persuadé qu'il allait taper à la bonne porte. Que vouliez-vous que je fisse ? Je plongeai la main dans les billets jetés pêle-mêle dans ma poche - le porte-feuille n'est pas de mise ici - en extirpai un et le donnai discrètement à notre homme. J'ai appris, à mes dépens, que le billet ne doit pas être trop petit au risque de se faire insulter : *Cé çaa seuleman ou vlé ban moin*, c'est seulement ça que tu veux me donner. Les billets de banque par trop abîmés ne sont pas non plus acceptés, tout comme les médicaments récemment périmés.

19

DEVINEZ QUI SERT À DÎNER ?

« *Il faisait ce soir-là, comme souvent à Montréal, un froid de loup. Avec des amis, nous nous étions réfugiés dans un petit restaurant de la vieille ville, emmenant avec nous de bonnes bouteilles de vin, comme nous autorise le panneau B.Y.O (Buy Your Own) apposé à l'entrée de l'établissement. Nous parlions bien entendu créole et le serveur, un Noir au visage souriant, qui devait approcher les cinquante ans, reconnut l'accent haïtien et s'adressa à nous dans notre langue maternelle. De fil en aiguille, nous apprîmes qu'il avait vécu à Petit-Goâve et que la "recherche de la vie" l'avait conduit ici. Je lui ai alors appris que je connaissais bien la ville de Soulouque et que je m'y étais rendu plusieurs fois pour visiter mon grand-père, le docteur Montas.*

Le serveur ouvrit de grands yeux. La mine subitement préoccupée, il s'empara d'une chaise, s'approcha de moi. Il portait une épaisse gourmette en argent, une impressionnante chevalière ainsi qu'une montre clinquante. Deux incisives proéminentes pointaient en ma direction. Je fus choqué par sa forte haleine de fumeur, sa voix rauque et caverneuse. Ses propos étaient souvent interrompus par une quinte de toux et éclairés d'un sourire malicieux. Il me demanda le nom de mon père. Je ne compris pas sur le champ l'intérêt subit qu'il me manifestait. Il m'avoua se souvenir très bien de monsieur Lucien et de sa femme qui avaient de nombreux enfants. Toute la famille venait en effet chez le vieux Docteur Montas à Petit-Goâve où vivaient madan Patrice, mademoiselle Lucette, Pascal et ses sœurs. Vous ne devinerez jamais qui j'avais en ma présence. Je le mettais au but sur la galerie de la rue Saint-Paul et je m'exerçais à tirer sur lui. Vous vous souvenez certainement de Germain ? »

Ces propos d'un de mes cousins m'ont été rapportés il y a quelques mois par ma sœur Flore et ma présence à Petit-Goâve me les ramène à l'esprit. Au tout début des années 60, un jeune garçon avait été *donné* à ma famille pour la servir. Il avait quitté les siens qu'il n'a sans doute jamais revus avec pour seule contrepartie la possibilité de vivre en ville dans un milieu plus favorisé. Il n'allait pas à l'école. Disponible du petit matin jusqu'au soir, il couchait sur une natte et ne jouissait d'aucune considération. Germain était notre *restavec*.

J'avais de bonnes relations de gamins avec lui. Nous jouions parfois au football sur la galerie sans qu'il n'y eût jamais le moindre accrochage. Peut-être qu'il restait si bien à sa place que rien ne pouvait lui être reproché. Je garde de lui l'image d'un garçon gracieux, travailleur et plein d'humour. À chaque fois que nous, les enfants de la maison, le croisions, nous lui lancions naïvement notre sempiternel refrain qui n'avait d'ailleurs ni queue ni tête : Poisson, à l'hameçon, désossons, croquons ! À mille lieues de réaliser que sa condition de *restavec* était inhumaine. Son visage s'illuminait instantanément d'un sourire affable et il ajoutait invariablement : « Yes, Sir. » Dans la même veine, les petits espiègles que nous étions le taquinaient souvent en le faisant passer pour le petit neveu de Poisson, le plus amusant des fous du village, loin devant Gaston Lamirel, Sola et Bisquet Vent. Il lui manquait vraiment plusieurs cases.

Germain, voici ton tonton.

Imperturbable, il répondait avec son sourire avenant : Yes, Sir. C'était bien Poisson qui nous distrayait dans l'après-midi en multipliant ses numéros en pleine rue, excité par les petits vagabonds. Le point d'orgue était la rencontre de Poisson avec les religieuses quand celles-ci allaient à l'église ou en revenaient. Notre homme n'était pas si fou que cela. Il se disait amoureux d'une d'entre elles, la jeune Sœur Marthe, la plus jolie. Il épiait leur passage à la rue Saint-Paul pour lui déclamer son amour à tue-tête et dans toutes les langues :

Quelle est belle, sœur Marthe ! Je rêve de t'embrasser ! I love you, sister !

Sans me livrer à une analyse rétrospective, je dirai que Germain prenait ouvertement partie pour sa famille d'accueil quand l'occasion se présentait. Tante Lucette le chargea un jour d'apporter une tranche de douce Macos à mademoiselle Mimose de la rue Saint-Paul. C'est la mère de Mimose qui reçut le *Ti Gaçon*. Elle lui dit de remercier mademoiselle Lucette qui gâtait bien Mimose. Germain lui répondit du tac au tac que sa maîtresse n'était pour rien. Quand elle a connu Mimose, elle était déjà gâtée.

Je n'ai aucune sorte d'appréhension à retrouver Germain, persuadé que notre rencontre sera un moment de joie. Alors qu'il est coutume de dire que les *restavecs* marchent à la *rigoise*, fouet en lamelles de cuir de bœuf, je peux témoigner que jamais il n'a été battu à ma connaissance. Je suis le seul de la maison de Papy à avoir reçu des corrections parce que j'étais trop *désordre* et ces corrections étaient exceptionnelles.

Germain *resta avec* tante Lucette après la mort de Papy, quand elle quitta la rue Lamarre pour le quartier de la Hatte. Il s'affranchit ensuite et partit à Port-au-Prince, estimant qu'il pouvait voler de ses propres ailes.

Tante Lucette avait aussi une petite jeune fille restavec, un peu plus âgée. Elle s'appelait Lucie. Après avoir quitté sa maison d'accueil, elle finit par se rendre à New York où elle continua à fréquenter ma famille. Elle avait même proposé un mariage blanc à mon cousin Hans en quête de résidence aux Etats-Unis.

Quand Germain et Lucie s'en allèrent, quand mes sœurs grandirent, tante Lucette, célibataire et sans enfant, adopta la petite Patricia qui devint sa compagne de vie. Elle était d'une grande générosité ; tant qu'elle n'avait pas tout donné, elle n'avait rien donné.

À la fois ému et intrigué par la surprenante rencontre de Germain avec mon cousin Philippe, je voulus en savoir plus sur le parcours exceptionnel de ce *Ti Gaçon*. Comment s'est-il procuré des papiers ? Quand et comment a-t-il pu atterrir au Canada ?

20

LA VIE CHAHUTÉE DE GERMAIN POISSON

Je retrouvai les traces de mon cousin Philippe que j'avais perdu de vue depuis près d'un demi-siècle - il avait à peine dix ans à l'époque - et je l'appelai au Canada. Après le moment de surprise et l'évocation des souvenirs d'enfance, il me parla de sa rencontre avec Germain, notre ancien restavec, qui voyait en la famille Montas une grosse fortune de Petit-Goâve. *« En fait, Germain était cuisinier dans ce petit restaurant et ne venait en salle qu'exceptionnellement. C'est d'ailleurs lui qui nous raccompagna ce soir-là dans sa vieille Mazda aux sièges défoncés qui déboula à tombeau ouvert dans les rues de Montréal. Il était coiffé d'un feutre noir à ras bord et vêtu d'un manteau d'astrakan gris. J'ai connu aussi les deux fils qu'il eut avec sa première femme. Ils avaient une trentaine d'années. Une fille beaucoup plus jeune est née d'un deuxième lit... »*

Du temps de mon enfance, seuls les riches possédaient des *restavecs*. De nos jours, ils emploient de préférence des domestiques sous-payés qu'ils congédient à leur guise. Et avec l'augmentation de la misère, le système d'enfants exploités s'est terriblement généralisé et durci. C'est devenu plus qu'inhumain, dramatique. De quoi en rougir. Tout pauvre trouve un plus pauvre que lui qu'il exploite et maintient sous son joug. Les filles s'appellent maintenant des *lapourças* et constituent la grande majorité de ces enfants. Il est courant de voir un petit restavec tout gringalet porter le cartable archi-plein de l'enfant de son maître et même prendre en croupe un enfant plus âgé et plus gros que lui. Quand il a terminé son travail, il est très souvent prêté aux voisins et la moindre mauvaise humeur est sanctionnée par la *rigoise*. Goudougoudou, a encore aggravé leur situation.· Avec plus de deux cent vingt mille morts, il a jeté à la rue des milliers d'orphelins. L'offre de restavecs et de lapourças est en pleine progression. J'ai honte.

Germain s'était battu courageusement contre les injustices de la naissance, il avait connu la pauvreté voire la misère. Il avait réussi à faire complètement peau neuve et s'était choisi un nouveau patronyme. Une nouvelle personne était née, différente de celle qui « restait avec » ma famille. Il avait franchi un à un des obstacles à première vue insurmontables et s'était mis dans la posture de connaître enfin une période de relatif bien-être. Certains pensent que nous avons droit sur terre à un certain nombre d'années de bonheur puis de malheur ou inversement. Si l'on a épuisé son contingent de tragique, si l'on a plus prosaïquement mangé son pain noir pendant de longues années, il reste un crédit de félicité. Cette théorie du *bonandrier,* réplique du calendrier, n'est que littérature dans le cas de Germain. J'ai fini par apprendre que les choses s'étaient très mal passées pour lui il y a quelques années. Je salue son courage et son intelligence. La joie de retrouver mon cousin fut ternie par la profonde tristesse que j'éprouvai face à une saga au dénouement prématuré, je dirais même tragique.

Je ne pouvais m'arrêter en chemin. Je tenais à en savoir davantage sur la trajectoire exceptionnelle du *Ti Gaçon* que je vois encore devant moi en culotte courte. Je maudissais ce mauvais sort qui lui avait été fait. Dès lors, j'ai passé des heures et des heures au téléphone, adressé une dizaine de courriers électroniques aux diasporas des quatre coins du monde pour finalement parvenir à reconstituer le difficile puzzle d'une vie chahutée.

TIM TIM – BOIS SÈCHE. Ainsi commencent tous les contes en Haïti. *Germain Poisson naquit dans le village de Vialet, première section rurale de Petit-Goâve le 11 octobre 1954, le jour même où l'ouragan Hazel traversa Haïti, détruisant de nombreux villages et ravageant les plantations. Un millier de personnes trouva la mort. Le passage de ce cyclone, d'une rare violence, donna date certaine à la naissance de Germain qui avait déjà quatre frères et sœurs.*

La mère décéda la première de « mort subite » puis vint rapidement le tour du père après que la maladie l'eut rendu aveugle. À l'âge de huit ans, le petit orphelin fut proposé à ma famille par l'entremise d'un notable de Vialet, gérant d'une propriété de Papy.

Quand, jeune adulte, l'ancien restavec partit pour Port-au-Prince, il eut la chance insolente de trouver une place d'aide-magasinier dans le quartier du bord de mer, non loin de la grand-rue. Il s'occupait de pièces détachées d'automobiles chez le concessionnaire Ford. Germain fut un employé exemplaire, apprécié de tous. Un client, chef macoute très en vue, le remarqua et le prit sous son aile.

Encouragé par le directeur des cours du soir aux adultes qui n'était autre que mon ex-instituteur retraité, le professeur Nazaire, Germain apprit à lire et à écrire avec assiduité. Il devint chauffeur et homme de confiance du macoute. Un colt 38 à la ceinture, il avait ses quartiers à la pergola du Palais national où il prenait ses repas quotidiens en compagnie de chauffeurs et gardes du corps des proches collaborateurs du Président à vie. Je suis persuadé qu'il ne tuerait pas un lézard. Il acquit de l'assurance, se fit établir des papiers d'identité ainsi qu'un passeport officiel. Une nouvelle personne était née qui s'appelle dorénavant Germain Dubonheur. Significatif non ? Plus aucun lien avec le fou de Poisson qui se produisait dans les rues de Petit-Goâve. Grand, beau et élégant, ne quittant jamais ses lunettes de soleil, il se qualifiait lui-même de chèlbè, m'as-tu-vu. Le pied était mis à l'étrier. Il suffisait de se maintenir en selle. La revanche sur la vie était assurée.

Mais la chute de Baby Doc en 1986 et la disgrâce de son bienfaiteur macoute contrarièrent les plans de monsieur Dubonheur qui ne s'avoua pas vaincu pour autant. Il fréquentait depuis quelques années déjà une fille de Jacmel. Elle remplissait toutes les conditions pour émigrer au Canada. Le moment était venu de l'épouser. Deux années plus tard, il quitta lui-même Haïti en toute légalité pour une nouvelle vie avec sa femme coiffeuse et leur premier fils, né à Montréal. Contrairement à la grande majorité des compatriotes immigrants, il n'a pas eu à verser une grande partie de son salaire hebdomadaire à la personne qui a facilité son entrée au Canada.

Je regrette que Germain ne fasse plus partie de ce monde. Il a lui aussi grossi les rangs des Disparus. Il y a tout juste quelques années, cet inconditionnel de la cigarette fut rattrapé par un cancer du poumon. Je glorifie sa mémoire. Je rends hommage à son courage et à son intelligence.

21

LES DISPARUS

Dans la ville de Petit-Goâve, je ne connais pratiquement que des défunts. Cette armée de Disparus qui investit mes pensées, mes souvenirs me prouve bien que la Mort est ici l'état normal puisque les défunts me semblent beaucoup plus nombreux que les vivants. Et je réalise encore plus au cours de ce séjour parmi les Disparus - c'est bien le cas - qu'ils continuent à vivre et à être présents, du moins pour ceux qui les ont connus et aimés. Il y aurait alors une vie avant la mort et une vie après. Dans la première, on va, on vient, on gesticule. Dans la seconde, on est passif, réfugié dans la mémoire de ceux qui vous ont survécu. C'est souvent d'ailleurs longtemps après le départ de quelqu'un qu'on a côtoyé et aimé, à l'occasion d'un souvenir, d'une scène de vie ou d'une révélation parfois banale que l'on acquiert subitement un éclairage nouveau sur cette personne, sur ses motivations, ses forces, ses faiblesses, que la personnalité du Disparu se redessine, se remodèle.

Je me dis souvent que le temps passé sur cette terre, si l'on déduit celui que l'on met à gagner littéralement sa vie, est en définitive insuffisant pour permettre de cerner sa propre personnalité. Connaître ou comprendre autrui s'avèrerait un leurre. Ne demeure-t-on pas en fin de compte un inconnu qui vit parmi des inconnus ? Ce constat est encore plus vrai dans le cas d'une personne qui nous quitte alors que nous sommes encore jeunes. D'une part, occupés à nos petites affaires, nous n'avons pas su nous y intéresser suffisamment pour poser à temps les bonnes questions.

D'autre part, le fait de se trouver dans des tranches d'âges éloignées avec des préoccupations différentes, des désirs et des motivations tout à fait dissemblables interdit le dialogue et la compréhension. Le dialogue intergénérationnel existe-t-il ? Dans le domaine de la connaissance réciproque des uns et des autres, les parents auraient pendant quelque temps une longueur d'avance sur les enfants. Outre l'expérience de la vie qui arrive plus tôt chez eux, ils ont connu les premières années de l'enfant pendant lesquelles la personnalité se forme. Ils ont su déceler des différences significatives de comportements entre un bébé et un autre.

Ce séjour parmi mes Disparus a le mérite de se faire dans le vieil âge quand mon esprit est plus libre, plus serein, quand je n'ai plus de décisions à prendre, que j'accepte de ne plus servir à rien, quand les angles s'arrondissent, quand j'ai heureusement perdu mes certitudes, quand le regard se teinte de beaucoup de mansuétude, quand enfin je me fais à l'idée que nous passons tous. Une interrogation persiste quand même qui vient parfois troubler l'apaisement et la liberté finalement acquis : et s'il y avait quelque chose après ?

Que je regrette de n'avoir pas davantage interrogé mes Disparus sur la vie qu'ils ont eue, sur leur enfance, sur leurs parents. Papy racontait à mes petites sœurs que de son temps, pour faire chic, les femmes sortaient avec le *dubréus*, un oreiller qu'elles s'ajustaient sur le postérieur pour le renforcer. Je suis sans nul doute passé à côté de plein d'anecdotes de ce genre simplement parce que je n'ai pas su m'y intéresser. Il m'arrive des fois de regretter que certains de mes Disparus n'aient pas vécu plus longtemps pour me connaître achevé, construit. Je n'étais souvent pas assez avancé dans la vie et la relation fut alors déséquilibrée. L'écriture, pour moi, est aussi une façon de prolonger la vie de ces Disparus, de les immortaliser en quelque sorte en les gravant dans nos mémoires.

Le ciel est d'un bleu azur. Mes pas se dirigent par cette belle matinée vers les cimetières de Petit-Goâve. Des chiens pelés, galeux, décharnés sont affalés devant le portail qui menace de s'effondrer. Je le franchis et je cherche vainement un nom sur la première tombe que je rencontre. Elle est tout juste ornée d'une croix gravée d'une tête de mort. D'après la mythologie vaudou, cette tombe est vide et réservée au Baron Samedi, le chef des esprits de la mort. C'était aussi à l'entrée de ce Petit Cimetière, plus ancien que le Grand Cimetière, que se trouvait la tombe de l'Empereur Soulouque, avant que ses restes ne fussent transférés dans un mausolée tout neuf sur la route de la Petite-Guinée, face à l'usine électrique. Je me souviens encore de la cérémonie. C'était en 1954. Je vois et j'entends Papy prononcer un discours en qualité de préfet de l'arrondissement. L'emplacement de l'ancienne tombe est toujours libre. Il est envahi de mauvaises herbes, de plastiques, de fatras et de bouteilles vides.

Je crois traverser un no man's land, une zone complètement délaissée. Décidément ce n'est pas l'endroit où il fait bon reposer. On y croise personne. Quel contraste avec la balade apaisante que j'ai faite dernièrement dans le vieux cimetière de Reykjavik (Islande) où les tombes, au demeurant modestes, sont totalement intégrées dans la nature. Où l'on sent de manière évidente la main active des vivants s'occupant des morts. Cette partie du cimetière de Petit-Goâve est à l'image du pays tout entier : abandonnée. Si seulement cet endroit était sarclé, les tombes blanchies à l'occasion de la Fête des Morts. Mon cœur s'agite d'étranges contractions. Un grand frisson me secoue. Sous une canicule accablante, mon corps est subitement envahi par un froid intense. Est-ce parce que je me sens moins à l'aise dans un cimetière depuis que la roue se met à tourner follement ? Depuis près de soixante ans, depuis la dictature et le chaos économique, c'est le sauve-qui-peut général pour les *chrétiens vivants*. Il ne reste donc plus grand monde pour visiter les défunts. Ce qui me gêne c'est plutôt le délabrement des lieux. Pourtant cet endroit ne peut être assimilé à l'enfer car ceux qui reposent ici sont enfin délivrés de leurs souffrances. Heureusement que les tombes défraîchies, affaissées sont recouvertes de liane mexicaine, cette plante grimpante aux petites fleurs roses.

Le Grand Cimetière est plus récent, plus étendu, moins encombré. Certains tombeaux semblent mieux entretenus. Des cabris errent dans les allées. Du linge sèche sur quelques tombes. Par-ci, par-là, de rares fleurs fanées. Je tombe sur des caveaux de familles que j'ai connues. Je suis troublé par un tas de souvenirs qui refluent. Des bouts de bougies éteintes honorent le haut de quelques tombeaux. À leurs pieds, des grains d'indigo naturel, de maïs et de pistache grillée. C'est dans cette partie du cimetière que se trouve le caveau familial et que reposent aussi les Disparus de la famille d'Odilon.

Ma sœur Sory avait fait le voyage de New York à Petit-Goâve pour les funérailles de tante Lucette. La famille était déjà dispersée aux quatre coins de la planète et il ne restait plus d'hommes valides pour porter la dépouille. Quatre porte-faix furent embauchés. Ils le firent avec désinvolture, un brin d'irrespect. Et quand ils réalisèrent que le cercueil était trop volumineux pour rentrer dans le caveau, c'est avec les moyens du bord, pierres et briques qu'ils en rabotèrent le bois. À la tristesse s'ajoutèrent l'exaspération et l'indignation. C'est aussi dans ce caveau que reposent les Donjon, les demi-sœurs de ma mère. J'ai du mal à contenir mes sanglots.

Tous mes Disparus ne sont pas réunis ici car la famille était éclatée. Ma mère et ma sœur cadette Dado sont à New York. Mon père qui fit la campagne de Duvalier, considéré alors comme le candidat le plus progressiste, fut vite désenchanté et partit pour l'étranger. La France n'ayant pas voulu de lui, il se replia sur l'Algérie où il travailla comme architecte dans une société nationale. Il y resta quinze ans, pour le meilleur et pour le pire. À la mort de sa seconde femme qui lui donna deux fils, pour tromper sa solitude, il gagna la France où il refit sa vie sans jamais pouvoir trouver un emploi à sa convenance. Celui qui n'a jamais fumé décéda à l'âge de soixante et onze ans d'un cancer du poumon et ne revit jamais son pays natal. Je suis maintenant en première ligne, parmi les plus vieux et j'écris aussi pour transmettre aux plus jeunes l'histoire de ces hommes et de ces femmes que la vie a souvent meurtris et ballottés.

J'entends un bruit bizarre. Ce ne sont pas des pas normaux. Je dresse l'oreille. Le bruit se précise. Puis, je vois arriver une silhouette squelettique aux *cariocas*, sandales, racornies, décolorées par le soleil, couvertes de poussière et dont les semelles défaites raclent le sol comme pour annoncer l'arrivée de leur propriétaire. Le petit monsieur se présente comme le gardien du cimetière. Il parle de lui-même à la troisième personne comme le font souvent les paysans haïtiens. Son bégaiement s'amplifie au fur et à mesure qu'il s'exprime. C'est sans doute dû à la timidité. Il est coiffé d'un large chapeau de paille ajouré, enfoncé jusqu'au lobe de l'oreille. Sa blouse noire ourlée de bleu, rapiécée et reprisée de part en part, est maculée de taches de peinture blanche. Il me conduit sur la tombe du docteur Tancrède où je me recueille quelques instants. L'idée me vient de lui demander un devis pour le sarclage du pourtour du tombeau familial et sa mise en peinture. Son visage s'anime subitement. Je règle sur le champ, étant strictement entendu que je repasserai dans trois jours pour constater la fin de ces menus travaux de nettoyage et d'embellissement. Le gardien esquisse un sourire d'extrême satisfaction quand je lui tends la somme réclamée. Il soulève son chapeau, dévoile sa calvitie précoce et s'incline avec déférence. J'ignore ce qui sera fait car dès le lendemain, je prévois de faire un crochet vers le sud. L'environnement semble moins déprimant du côté de Port-Salut. La plage Dauphinée est réputée. Les langoustes et les massages aux huiles essentielles attendent le touriste aisé.

Il est dix heures du matin. Avant de partir de Petit-Goâve, malgré l'ardeur du soleil, j'écume mes endroits de prédilection : la rue Lamarre, la grand-rue, la rue Saint-Paul, la rue Louverture, le quartier de La Hatte, celui de Jubilé, conscient qu'il s'agit sans doute de ma dernière visite. Une grande tristesse m'envahit, comparable, malgré le délabrement et la misère, à celle que j'ai connue soixante ans plus tôt quand j'ai quitté ma ville pour aller étudier dans la capitale.

Sapotille, te reverrai-je un jour ?

Sapotille, renaîtras-tu jamais ?

DEUXIÈME PARTIE

PAP ET LE GRAND SUD

22

EFFROI ET HORREUR DANS LA CAPITALE

Depuis mon arrivée à PAP (Port-au-Prince), je suis mal, j'ai la gorge serrée. Je me sens angoissé, oppressé au milieu d'une foule fourmillante, jonglant entre camions, tap-taps, 4x4, motos-taxis, chariots, dans des rues jonchées de détritus. Je me promène sous une chaleur torride, une petite serviette mouillée autour du cou pour éponger la sueur qui coule sur mon visage. Dans ce qu'on appelle le bas de la capitale, un fond sonore envahit l'espace d'une manière récurrente. Ici, le silence, on ne connaît pas. Le bruit n'offre pas une minute de répit. Je suis dans un immense bazar crasseux, assourdissant et surpeuplé. Des centaines de milliers de pauvres venus des quatre coins du pays essaient de survivre en qualité de vendeurs de pacotille sur des trottoirs défoncés et souvent en pleine rue. Nombre d'entre eux qui avaient quitté la capitale après le séisme sont revenus pour grossir le nombre des mendiants, des voleurs, des kidnappeurs, des ivrognes, des pickpockets, des toxicos. Je reconnais à peine la rue Pavée, la rue Lamarre, la rue du Centre, la grand-rue. Celle des Miracles est devenue une véritable Cour des Miracles.

Parmi des cloaques infects, des petits restos populaires attirent le chaland : une table branlante, une pile d'assiettes en plastique, un banc, une marmite d'huile crasseuse, de l'eau, une forte odeur de graillon. De temps en temps passe un 4x4 climatisé aux vitres fumées qui cache un riche Haïtien ou qui transporte un décideur étranger, coupé ainsi de la population et privé de sa confiance. Ils plastronnent, ne se prennent pas pour du menu-fretin.

On m'avait annoncé des tonnes de gravats, une ville de déplacés en survie sous des tentes. De l'avion, avant l'atterrissage, au niveau de la Plaine du Cul-de-Sac, j'avais pu distinguer une étonnante concentration de sans-abri sous des plastiques bleus. En fait, les gravats avaient déjà été évacués quand je suis arrivé dans Port-au-Prince et les tentes des Champs-de-Mars démontées.

J'entame à pied une tournée du Centre Historique de la capitale. Il fait lourd. Le soleil de midi m'invite à changer de chemise pour la seconde fois de la journée. Un vendeur de tableaux naïfs s'approche de moi et annonce, en guise d'appât au *diaspora* que je semble être, qu'on a retrouvé, dans les ruines du Palais national, des billets de banque ainsi que des ossements humains provenant des salles de torture de Papa Doc. La Reconstruction semble en effet commencer avec ce légendaire palais ; des bornes limitant le chantier s'installent tout autour. C'est avec un sourire narquois qu'un ouvrier proclame que le président va faire agrandir son château.

Ce serait la première pierre de la Reconstruction après tant d'effets d'annonce. Les Coopérants se défaussent souvent sur l'État haïtien qui, malheureusement, est un état moribond, sans ressources : « Nous avons un rôle de pompiers, disent-ils. Nous éteignons l'incendie mais nous ne reconstruisons pas les maisons. » Après une longue période électorale, le nouveau président a pris ses fonctions en mai 2011, soit un an et demi après le séisme. Il semble animé de bonne volonté et la cohabitation avec l'opposition parlementaire ne paraît pas être un frein à son action. Reste à espérer que la Reconstruction ne sera pas un leurre, une gageure.

Toujours à pied, je retourne vers les Champs-de-Mars pour constater que l'immense tribune où les étudiants venaient réviser n'existe plus. Le cinéma Palace non plus tout comme le grand Rex et le Capitol ont disparu. D'ailleurs, il n'existe aucune salle de cinéma dans Port-au-Prince. Une petite consolation architecturale : l'ancien Grand Quartier Général des Forces Armées tient encore, majestueux de blancheur, et accueille le ministère de la Culture.

À chaque fois que je m'arrête pour demander un renseignement, je suis frappé par l'amabilité et la disponibilité des passants. Ils répondent à toutes vos questions, vous accompagnent au besoin jusqu'à l'endroit souhaité sans rien attendre en retour. Un nanti reste parfois dans sa voiture à côté du chauffeur et interpelle un pauvre : *vini'm palé ou*, venez que je vous parle. L'autre s'approche. La hiérarchie semble acceptée dans le pays d'Haïti. Sans cette "solidarité" me rétorque-t-on, on n'aurait pas pu traverser toutes ces crises et tous ces bouleversements. Pourvu que la solidarité ne soit pas à sens unique !

En quittant l'autre jour l'aéroport Toussaint Louverture où je n'avais encore jamais mis les pieds, je fus frappé par une foule immense et besogneuse jonglant avec un flux ininterrompu de véhicules circulant dans tous les sens. Dans un brouhaha de klaxons. Je découvrais le nouveau quartier de Tabarre qui est en fait un énorme bidonville. À lui tout seul il reflète ce qu'est le nouveau visage du pays. Nous avançons péniblement dans cette longue artère poussiéreuse où rivalisent tap-taps et motos-taxis transportant jusqu'à cinq personnes à la fois. À tous les carrefours, des dizaines de deux-roues à l'arrêt attendent le client. On me signale l'immense propriété de l'ancien président Aristide protégé derrière ses hauts murs et son portail opaque. Les nombreuses bannières étoilées, les quartiers généraux de la Minustah, ou Mission des Nations Unies pour la Stabilité en

Haïti, le va-et-vient incessant des véhicules blancs des Nations Unies confirment que le pays est occupé.

23

LA POUBELLE DES ÉTATS-UNIS

Le commerce informel fleurit sur les trottoirs de mon pays natal. Je me souviens qu'au début des années 60, après chaque sinistre (incendie, cyclone, inondation, tremblement de terre) Haïti recevait de l'étranger, surtout des États-Unis, des produits alimentaires (lait en poudre, riz, farine, huile) mais aussi des vêtements usagés dont ne voulaient plus nos riches voisins. Ces marchandises s'appelaient des kennedy. Cette pratique a proliféré et changé un peu de nature. Les kennedy seraient les ancêtres des *pèpè*, comme l'on désigne tous les objets d'occasion, généralement à bas prix, dégriffés, soldés, recyclés, achetés aux Etats-Unis ou reçus à titre d'aide humanitaire. Ces articles sont revendus sur les trottoirs des villes. On trouve ainsi des vêtements, des chaussures, des lunettes, des produits alimentaires, des accessoires et appareils ménagers, de la vaisselle, des matériaux de construction, des véhicules utilitaires etc. Ce commerce est d'autant plus florissant qu'il échappe aux impôts. Seuls les droits de douane le frappent. L'État haïtien a essayé de l'interdire avant de se heurter à des manifestations colossales. Les agents de la Minustah sont d'ailleurs des clients assidus de *pèpè* qu'ils emmènent ou expédient dans leurs pays d'origine.

Des vols directs et fréquents relient Port-au-Prince à Panama et Curacao et facilitent l'importation massive de marchandises de ces zones franches par des "amazones" appelées *madame Sarah* qui vendent en chambre et brassent des millions de dollars américains.

Les conséquences de la prolifération de ce commerce informel sur l'économie nationale sont désastreuses par certains aspects. Non seulement il échappe à toute fiscalité mais encore cette forme de libéralisation des échanges a provoqué l'effondrement des prix et la chute de la production. On ne produit plus rien en Haïti et le pays est aussi devenu la poubelle des Etats-Unis. Des pick-up Toyota d'occasion sont importés en masse pour le transport en commun. Ils encombrent les rues de la capitale provoquant des embouteillages monstres. Par contre, on remarque moins de pauvres en guenilles car le prix des pèpè est abordable et les tee-shirts publicitaires sont distribués en nombre par les pays coopérants.

La TCA de 10% ou Taxe sur le Chiffre d'Affaires n'est pas toujours reversée à l'État. Un commissaire de gouvernement de la capitale a fait publier dans la presse et à la radio une liste de commerçants fraudeurs avec interdiction pour eux de quitter le pays sans un quitus fiscal. Il a mené aussi une vraie croisade contre les parties voluptueuses et orgiaques organisées avec la participation de mineurs. Eh bien ! Ce Monsieur Propre a été limogé.

Étant donné que l'impôt sur le revenu n'est pas généralisé, que la TCA n'est pas toujours reversée, que la taxe d'habitation n'existe pas, l'État haïtien essaie difficilement de se rattraper en majorant les droits de douane, en imposant les innombrables transferts d'argent, les communications téléphoniques. On aurait recensé trois millions d'utilisateurs de téléphone dans le pays et mes compatriotes bavardent longuement. La téléphonie mobile est souvent présentée comme une évolution de la psychanalyse. Digicel, la première compagnie de téléphone, majoritairement irlandaise, serait devenu le plus gros contribuable du pays.

L'État haïtien prélevant quelques centimes sur chaque minute de communication.

Je suis en train de remonter Lalue, une artère principale que j'arpentais tous les après-midi après l'école. Je ne reconnais rien ; pas une seule maison n'a survécu au temps, au Goudougoudou. On me signale l'École des Sœurs, sur ma gauche. En effet, avec un effort d'imagination, je retrouve. Par contre, le Zénith Market, la ruelle Berne, la maison des Trouillot, le Red Rose, l'épicerie Coles ont sombré dans un monde perdu. Je ne retrouve plus rien. Je suis prostré. J'ai envie de pleurer mais aucune larme ne me monte aux yeux. Je suis vidé de tout.

Pour rejoindre Pétion-Ville, il n'y avait de mon temps que la route de Bourdon et celle de Delmas, peu fréquentée. Bourdon est maintenant reliée à Delmas par nombre de chemins de traverse défoncés et embouteillés qui portent des numéros et il est même possible de passer par Canapé-Vert pour rejoindre le haut de Pétion-Ville. Je n'ai plus aucun repère. Les années m'ont tout détricoté. Je suis complètement largué. C'est un bien triste constat.

24

DANS LES HAUTEURS DE PÉTION-VILLE

Un maigre soleil brille sur la ville. Un vent léger me caresse le visage. Pétion-Ville a hérité de l'activité commerciale du bas de Port-au-Prince détruit par le tremblement de terre. La commune n'est donc plus une ville résidentielle, hormis certains quartiers chics.

J'ai rendez-vous aujourd'hui avec Guegen Montoire devant l'église Saint-Pierre de Pétion-ville. Guegen est mon ancien voisin de la rue Lamarre à Petit-Goâve, que j'avais fini par retrouver dans Port-au-Prince. Il a habité dans la cour de la petite soute d'Odilon avec sa mère et sa sœur Agathée. D'une intelligence très vive, Agathée sombra dans la démence juste après avoir été diplômée de l'École Normale d'Instituteurs avec mention. Sa mère, Adriana, ne survécut pas longtemps à ce drame.

L'air est frais et semble moins respiré qu'à Port-au-Prince. Fini le calme qui existait du temps de ma jeunesse. Parlons plutôt de vacarme et de bousculade. Des hommes et des femmes déambulent d'un air décidé. Une jeune personne, belle comme le petit matin, avance tout en se fardant les joues, un petit miroir rond à la main gauche. Elle s'arrête juste devant moi, je dirais à la barbe même du grand-père que je suis devenu. Elle fait la conversation avec une dame. Un parfum capiteux se dégage de cette apparition. De type élancé, la peau couleur tabac, de grands yeux noirs, un rouge aux lèvres discret, un chignon en forme de banane à l'arrière, à l'avant, de fines tresses afro, le visage illuminé par deux fossettes, des seins sur mesure exposés au balconnet, la taille fine, un petit derrière bien sculpté, les jambes superbement galbées. Elle paraît fière et sûre d'elle. Je la regarde disparaître avec une curiosité amusée.

Bien que Guegen soit caché derrière ses lunettes noires, je le distingue nettement au loin grâce à sa grande taille, sa *guayabera* bleue à quatre poches, ses épaules voûtées et sa maigreur squelettique. Sa fine moustache blanche en croc se précise au fur et à mesure qu'il se rapproche. Guegen porte une sempiternelle guayabera. Toujours bien repassée. Il en a de différentes couleurs, m'a-t-il confié. Cette chemise très populaire en Amérique latine est ornée de deux franges devant et de trois derrière. La mode viendrait de Cuba.

- *Ki nouvel, çak passé ?* Quelles nouvelles, qu'y a-t-il de nouveau ? me lance-t-il avec un sourire en coin en me tendant une main osseuse. - *Nap gadé piti, piti,* ça va tout doucement.

La Mitsubishi de Guegen est garée rue Grégoire. Une fois la nuit tombée, c'est le quartier le plus chaud de Pétion avec pléthore de Dominicaines et d'Haïtiennes. Dans la même rue se tient le Jet Set, un bar au toit de papaye fréquenté par les Coopérants et les *gros zouzounes,* riches Haïtiens. Nous buvons une Prestige bien fraîche au *Café Comme çà,* arpentons les rayons de la librairie La Pléiade puis ceux de la librairie Astérix avant de nous glisser dans la vieille guimbarde. Je retrouve l'odeur de Guegen. Il portait déjà cette eau de toilette la première fois que je l'ai rencontré. Elle me rappelle bien quelque chose. Un souvenir à la fois familier et lointain... Ça y est. C'est l'eau de Cologne allemande que ma belle-mère m'offrait tous les ans à Noël quand j'étais adolescent et que je vivais avec mon père sur la route de Frères. Le nom me revient subitement. C'est le 4711.

Aujourd'hui Guegen m'accompagne dans les hauteurs de Pétion-ville. Nous commençons par un rapide tour de ville, l'école des Frères de l'Instruction chrétienne d'où j'observe le Bidonville Jalousie sur la montagne, l'emplacement de l'ancienne Cabane Choucoune, la Place Boyer, la rue Ogé et nous entamons la montée vers des quartiers plus beaux par une route embouteillée et escarpée. à travers de somptueux logements occupés par les membres des ONG. Je prends plein de photos. Décidément, c'est un autre pays, un monde complètement différent. Ces maisons seraient louées à prix d'or par de riches propriétaires haïtiens qui vivent à l'étranger ou par d'autres compatriotes qui se replient dans des maisons plus modestes pour saisir ce qu'ils appellent une opportunité. Guegen m'explique que les hôteliers et les luxueux commerces de détail vivent de la manne que constituent les dépenses des ONG. Les fortes rémunérations de ces étrangers, leurs frais et débours sont d'ailleurs comptabilisés dans le montant de l'aide théorique fournie au pays.

Paradoxalement, me dit-il dans un débit rapide, après un haussement de sourcils, depuis le 1er juin 2004, l'année où Haïti commémora le bicent'naire de son Indépendance, le pays est occupé par la MINUSTAH. Cela me rappelle l'Occupation am'ricaine de 1915. neuf mille soldats, trois mille policiers sillonnent actuellement le pays sans compter le personnel civil international et local. Ce, pour maintenir en place un semblant de démocratie. On estime que le quart des effectifs de la police serait corrompu et impliqué dans les trafics et les enlèvements. Aucune ébauche de plan n'est prévue pour créer des emplois en vue de soulager la misère du peup'. Aussi l'insécurité continue et les kidnappings avec. C'est un véritable fléau. Les chefs de gangs et les réseaux sont bien structurés.

Gueguen fait une pause, déglutit, tortille sa moustache et poursuit de sa voix cassée et rapide qui avale certaines syllabes : Contrair'ment à une opinion larg'ment répandue, c'est la croissance économiq' qui engendr' la démocratie et non l'invers'. Alors qu'une dictatur' peut s'instaurer du jour au lend'main, la démocratie ne se décrète pas, elle s' construit lent'ment grâce au dév'loppement économiq' et à la croissance qui seuls permettent qu'un état de droit s'instaure dans le quotidien. La pol'tique du gros bâton qui consist' à placer un genda'me surarmé derrière chaque miséreux a montré ses limites...Le trafic absorbe le reste de ses paroles.

Sur la route du retour, après un délicieux repas de lambi créole à Fermathe, au milieu de coopérants étrangers - on entendait parler espagnol, anglais et brésilien - Guegen continue à dégoiser. La semaine dernière, en prospection dans la région avec un de ses clients, un bourgeois bien établi, ils ont décidé de passer la nuit à Boutilliers. Le lendemain matin, ils eurent la désagréable surprise de retrouver la 4x4 sans pare-brise. Il avait été artistiquement démonté. Arrivés presque à l'entrée de Pétion-Ville, ils furent interpellés en créole : « Si cé ça a ou vlé, moin gainyain youn. » Si c'est ce que tu recherches, j'en ai un. Ils durent s'exécuter et racheter leur propre pare-prise.

Et Guegen fit une nouvelle pause, avala sa salive et d'une voix chevrotante, repartit de son couplet, s'appliquant à bien articuler : Nous sommes tous fautifs. J'ai honte. Baby Doc reçoit au vu et au su de tout l' monde. Il fête son anniversaire, accepte des cadeaux somptueux de ses anciennes maîtresses. On murmure qu'il est malade. L'ancien président Aristide vit grassement à Tabarre et aspire à retrouver son fauteuil. Anciens macoutes, déchouqueurs et lavalassiens jouent ensemble au bésigue, aux dominos en buvant du Barbancourt. Ils cohabitent dans le même panier de crabes. Haïti est un pays d'amnésiques.

Guegen rentre dans sa soixante-quinzième année et travaille tantôt comme courtier en immobilier - c'est l'un des meilleurs de la place - tantôt comme chauffeur de taxi. Est-il marié ? A-t-il des enfants ? Non. Célibataire endurci, il est sans attaches, seul dans la vie, libre comme l'air et il met sa liberté au dessus de tout. Il parle couramment l'anglais et promène souvent des étrangers. Si son taxi était plus présentable, il pourrait démarcher des hôteliers. Seul le bouche à oreille lui assure ses clients. (C'est Odilon qui m'a dit tout cela) Par contre, Guegen ne m'a jamais posé la moindre question. Sur ma vie en France, sur la durée de mon séjour au pays, encore moins sur mes impressions après une si longue absence. Je suis là avec lui et ça lui suffit. Il semble réfugié dans sa bulle, emmuré dans une sorte de carapace qui le protège de toute intrusion. Son domaine est le monde extérieur et il en parle goulûment, donnant parfois l'impression que le silence le gêne ou qu'il se cache derrière un flot de considérations objectives en vue de rester impénétrable. C'est mon analyse à moi. Sans doute prend-il tout simplement plaisir à pérorer et à s'écouter parler ? Je m'en vais l'observer davantage.

Quelle énergie pour un homme de cet âge ! Je dois reconnaître qu'il est cultivé et qu'il a la tête infatuée de politique. !

25

LE QUARTIER DE FRÈRES

Nous nous dirigeons vers la route de Frères à Pétion-Ville, En fait je suis toujours aussi perdu. Comment ne le serais-je pas quand même le cimetière qui pourrait me servir de repère a été rasé. La municipalité aurait demandé aux familles de venir récupérer leurs morts puisque l'emplacement était requis pour construire un parc ou une gare routière. Plusieurs idées avaient germé dans les têtes fertiles de nos édiles. Les riches ont fait transporter leurs parents dans le nouveau cimetière de Tabarre administré dit-on par l'ex-beau-père de Baby Doc et les pompes funèbres Pax Villa. Les corps des pauvres ont été livrés aux tracteurs et aux pelleteuses. Après le tremblement de terre de 2010, l'espace libéré abrita des déplacés. À leur départ, il fut entouré de feuilles de tôle qui disparaissent une à une, emportées par ces mêmes pauvres. Faute d'argent, le projet de construction est reporté *sine die*.

La vie vous joue parfois des tours. Elle vient de me reserver un plat qu'elle m'avait déjà présenté il y a soixante ans quand, après le Certificat de Fin d'Études Primaires, j'ai quitté Petit-Gôave pour vivre à Pétion-Ville chez mon père remarié il y a peu. Je ne fais nullement allusion à un fricassé de *lambi*, ce coquillage des Antilles que j'ai retrouvé avec délectation ni à une pleine assiette de riz au *dion-dion*, ces petits champignons noirs très goûteux. Je pense à une sorte de retour aux sources. Odilon avait depuis choisi d'habiter aussi Pétion-Ville, cette banlieue jadis chic où la température est plus clémente qu'à Port-au-Prince. Et devinez où est située sa maison. À quelques centaines de mètres de l'endroit où j'ai habité. J'y passe tous les jours pour me rendre chez mon ami et une avalanche de souvenirs me submerge. Le passé reflue grave.

Les rues aux voitures ! Les trottoirs aux piétons ! Les marchés aux marchands !
Tel est le leitmotiv de la municipalité de Pétion-Ville. Un vœu pieux si l'on tient compte de l'encombrement des rues et des trottoirs. Reliant Pétion-Ville à la Croix-des-Bouquets, la route de Frères est l'une des plus embouteillées. Ses trottoirs sont envahis de fruits et légumes et de *pèpè*. Ici aussi je n'ai plus aucun repère. Pas une maison de mon époque n'a survécu et l'emplacement de celle où j'ai habité est difficilement identifiable. Le temps qui a fait de moi ce vieux grand-père complètement perdu et dont les jours sont quasiment épuisés, ce temps a aussi tout balayé autour de moi, tout broyé, tout effacé. Un monde nouveau est né où je n'ai plus toute ma place. Ce n'est pourtant pas le dernier tremblement de terre qui a causé beaucoup de dégâts. Pétion-Ville a été peu touché. Je ne prends pratiquement pas de photos. Circulez, il n'y a rien à voir sauf des constructions anarchiques, montées trop rapidement avec un irrespect complet des règles élémentaires d'urbanisme. Les balcons débordent sur la chaussée et montrent un interminable enchevêtrement de fils électriques qui se promènent dans tous les sens. L'EDH (électricité d'Haïti) est déficitaire car la moitié de sa production est volée, parasitée. Cette entreprise n'arrive à fonctionner qu'avec les subventions de l'État.

Je me sens profondément attaché à cette fourmilière humaine qui « cherche la vie » sans la trouver. Quand de rares mendiants me réclament une *bourrade*, coup de pouce, je n'hésite pas une seconde à sortir le porte-monnaie.

Quel pays de contraste ! Quittant la route des Frères au niveau du dancing Djumbala qui fonctionne au ralenti, le

Puits Blin, un quartier résidentiel gardé 24 heures sur 24, accueille de belles villas aérées, de grands arbres qui tutoient le ciel. Dans d'immenses cours ombragées, décorées de bougainvillées, d'oreilles de chat, d'hibiscus, de flamboyants, de sapotilliers, de nénuphars, des chauffeurs au volant de somptueuses berlines attendent les riches propriétaires. Je ne compte pas les Porsche, les Audi et les 4x4. Au petit matin, ces privilégiés font leur footing dans des rues tranquilles.

26

DES MÉDECINS CUBAINS EN HAÏTI

- Mais d'où viennent exactement ces jeunes médecins qui parlent l'espagnol et qu'on voit un peu partout ?
- Ce sont des Cubains. Très efficaces. Ils sont envoyés régulièrement sur le territoire haïtien par leur gouvernement depuis 1998, pour des contrats de deux ans. Leur nombre est impressionnant. Ils seraient mille deux cents, travaillant dans quarante centres répartis sur l'ensemble du pays. Ils constituent de loin le plus gros contingent d'étrangers, tous domaines confondus et auraient soigné trente mille cas de choléra. Leur effectif accrut de trois cent cinquante après le séisme du 12 janvier 2010. Leur salaire, payé par leur gouvernement, serait de deux cent cinquante dollars US qu'ils utilisent parfois pour couvrir les frais de fonctionnement. Interdiction leur est faite de recevoir de l'argent de la part de leurs patients. Seuls des présents peuvent être acceptés. La médecine libérale en Haïti parlerait de concurrence déloyale et montrerait ces bénévoles du doigt...

Impossible d'arrêter Guegen. Il jubile d'admiration à l'évocation du travail exemplaire que font les médecins cubains dans le pays. L'ELAM ou Escuela Latino Americana de Medicina en Cuba a déjà formé gratuitement plus de cinq cents médecins haïtiens, poursuit-il avec véhémence. Nous avons aussi des infirmiers cubains et même une trentaine de mécaniciens chargés de la réparation des autobus "Dignité" affectés au transport scolaire et au ramassage des déchets,

selon un accord d'assistance technique signé en mars 2012 par les deux gouvernements. Dilma Roussef, la présidente brésilienne nous rendit visite en début d'année. Le président Martelli aurait invité dernièrement Fidel et Chavez à venir dans notre pays...
- Pourtant, les médias occidentaux semblent ignorer la forte présence de ces Cubains. Le secret est bien gardé, dis-je, comme pour encourager Guegen à me livrer d'autres informations.

L'enthousiasme de mon guide me ramène en arrière. Seulement huit cent quarante kilomètres nous séparent de Cuba et nos liens historiques et culturels sont très étroits. Les ouvriers haïtiens étaient légion qui travaillaient à Cuba dans les plantations de canne à sucre ou dans le bâtiment. L'élite haïtienne avait pour habitude de se faire soigner à La Havane sous la dictature de Batista et bien avant. L'une de mes tantes, célibataire, s'y était fait opérer des amygdales, sans doute pour faire du tourisme. Le chirurgien s'appelait Docteur. Capoté ; et je me souviens que nous la taquinions en lui disant que le beau médecin l'avait sans doute capotée. Elle souriait alors.

Qui de ma génération n'a pas dansé et apprécié les boléros cubains ? Qui n'a pas entendu parler du Carnaval del Oriente ? Quelle similitude entre le merengue haïtien et le danzon cubain ! La Tumba Francesa, danse, chant et jeu de tambours cubain n'est-elle pas née avec l'arrivée à Cuba de colons français et de leurs esclaves fuyant Haïti après la révolte générale du Bois Caïman dirigée par Boukman en 1791 ?

Il y eut beaucoup d'échanges en ce domaine. Des musiciens et compositeurs haïtiens dont Raoul Guillaume, Guy Durosier et le maestro Issa El Saieh de Petit-Goâve séjournèrent à La Havane et à Santiago de Cuba. La Banda Gigante, l'orchestre du grand chanteur et compositeur cubain Benny Moré, remporta un franc succès à l'hôtel Riviera, à Port-au-Prince. Damaso Perez Prado, le roi du mambo, enflamma le public de Cabane Choucoune (Pétion-Ville) . Daniel Santos, l'un des plus grands interprètes de bolero et de salsa chanta en créole « Panama'm tombé ». La grande dame de la chanson haïtienne Martha Jean Claude, en exil à Cuba après avoir été emprisonnée sous le régime de Paul Magloire, enregistra son premier disque Canciones de Haïti et devint la chanteuse étoile des plus grands cabarets cubains. Elle se lia d'amitié avec la célèbre Célia Cruz et en 1986, elles chantèrent en duo à Choucoune, sur l'invitation de la mairesse de Port-au-Prince après la chute de Baby Doc.

Martha Jean Claude, chanteuse et actrice engagée, naquit en 1919, comme ma mère. Elle fit une brillante carrière internationale. Sa mort à La Havane en 2001 fut pour moi un mauvais présage.

Le film des tout débuts de la révolution cubaine surgit brusquement dans mon esprit. J'avais tout juste seize ans le 1er janvier 1959 quand Fidel Castro entra dans La Havane à la tête de ses compagnons d'armes. La nouvelle se répandit comme une traînée de poudre. Depuis le sud du pays, on entendit les coups de canons tirés de la Grande Île. Le dictateur Batista avait fui. L'excitation était générale. Les radios, déchaînées, créaient un tohu-bohu général dans les rues de Petit-Goâve. Le *télédiol*, téléphone arabe, répercutait les nouvelles : les criminels de guerre, les « fils de pute » selon les Révolutionnaires, étaient passés par les armes. Les Nord-Américains fustigeaient l'exécution des partisans du dictateur déchu et dénonçaient un véritable bain de sang. Une agence de Presse latino américaine fut créée à La Havane, *La Prensa Latina,* pour prendre le contre-pied des affirmations américaines. Des bureaux s'ouvrirent ensuite au Mexique, à Bogota et même à New York un peu plus tard, au grand dam des opposants castristes déjà réfugiés par milliers à Miami. Le grand nom de la poésie cubaine du 20e siècle, Nicolas Guillem, chantre de la poésie afro-cubaine, exilé depuis le coup d'état de Batista en 1952, revint à Cuba. Dans la foulée, un nouvel ambassadeur cubain fut nommé à Port-au-Prince. Il y vivait depuis longtemps et se trouvait être un ami de mon père. Débarquèrent deux barbus en costume vert olive qui lui servirent de gardes du corps. L'espérance naquit dans tout le continent latino-américain.

Le grand-père d'Odilon, un libre penseur, suivait toujours de très près la politique internationale et nous tenait au courant des faits marquants. Il nous apprit que Castro venait de séjourner une dizaine de jours à New York et à Washington et que le gouvernement du républicain Dwight Eisenhower le snoba.

En avril 1961, l'échec de l'invasion américaine de la Playa Giron, opération baie des Cochons, retentit dans toute l'Amérique latine. Au nom de la solidarité des petits (les sardines) contre le géant américain (le requin), beaucoup d'Haïtiens se sentirent personnellement et injustement attaqués. Les noms de Che Guevara et de Camilo Cienfuegos étaient sur toutes les lèvres. Castro déclara un beau jour que la révolution était socialiste. C'est à cette même époque que fut créée une Association de Jeunes à Petit-Goâve. Quoiqu'elle fût apolitique et a-confessionnelle, des livres sur le matérialisme dialectique commencèrent à circuler sous le manteau. L'été 1961 fut riche en événements : pièces de théâtre, feux de camp, matchs de foot, sauteries, mâts de cocagne, courses, lancers de cerfs-volants. Les esprits étaient stimulés.

Nous connaissons tous la suite de ces événements. L'enthousiasme ne tarda pas à retomber. La révolution cubaine se durcit face à l'embargo nord-américain et les difficultés de toutes sortes. Deux événements majeurs changèrent l'image internationale de Cuba : le soutien que Castro apporta à l'URSS lors de l'invasion de la Tchécoslovaquie en août 1967 et la séquestration du jury de l'Union Nationale des Écrivains et Artistes Cubains (UNEAC) en 1968 quand il voulut décerner le prix de poésie à un contre-révolutionnaire (affaire Padilla) et celui de théâtre à un homosexuel. La liberté d'expression parut bafouée dans la Grande Île et beaucoup d'intellectuels européens et latino-américains se détournèrent définitivement de Cuba malgré son intérêt en 1975 pour les mouvements de libération africains.

Sous couvert d'anticommunisme, la répression duvaliériste se fit de plus en plus forte. L'exode s'amplifia et s'accéléra. Les familles éclatèrent. La misère s'installa en Haïti.

27

CHEZ DES HOMMES D'ÉGLISE

J'entends le premier chant d'un coq de basse-cour. Je me lève aussitôt. C'est aujourd'hui que je rencontre mon ancien camarade de l'École des Frères de Petit-Goâve, à l'archevêché de Port-au-Prince.

Le jeune Gouire Poulard fut si influencé par notre éducation religieuse qu'il choisit la prêtrise. Il devint évêque de Jacmel, archevêque des Cayes puis de Port-au-Prince suite au décès de Monseigneur Serge MIOT retrouvé en janvier 2010 sous les décombres de l'archevêché.

J'ai le souvenir d'un garçon très réservé, d'un redoutable joueur de toupies, aussi adroit qu'Archibald Bouttin. Ils arrivaient à écrabouiller la toupie du copain en lançant les leurs de toute leur force. J'avais malheureusement perdu ses traces après le Certificat de Fin d'Études Primaires.

Mondon m'a envoyé dernièrement une photo de classe de 1953 sur laquelle on distingue nettement trois petits grimauds[4] : Mondon, Gouire et moi. Les camarades décédés avaient été marqués d'une croix. Odilon aurait passé une nuit à l'évêché à l'occasion de la fête patronale de Jacmel. Mondon s'en était allé lui aussi revoir Gouire. Toujours affable, toujours aussi réservé et combien heureux de

---

[4] Peau blanche, traits négroïdes, cheveux crépus.

retrouver des camarades de la petite enfance. C'est avec beaucoup d'intérêt et beaucoup d'émotion que de mon côté j'avais recherché sur Internet des articles concernant l'intronisation du nouvel archevêque. Il a 69 ans et est présenté comme un homme de progrès. Je restai un bon moment devant l'écran à regarder des images de cet ancien camarade. Les retrouvailles furent émouvantes et nous nous mîmes rapidement à parler créole.

Je suis de nouveau à la rue Lamarre, mais cette fois à Port-au-Prince, devant le collège que j'ai fréquenté après le Certificat de Fin d'Études Primaires quand j'ai quitté Petit-Goâve. Papy a fait ses classes ici ; mon père également et il y a même travaillé assez brièvement comme instituteur à l'âge de vingt ans.

Le collège Saint-Martial ouvrit ses portes en 1865 à proximité de la capitale. Il fut transféré peu après sur l'actuel terrain offert par le président Nissage Saget (1870-1874) pour la construction du bâtiment des Secondaires et confié aussitôt à la Confédération des Pères du Saint-Esprit. Le tremblement de terre du 12 janvier 2010 a complètement détruit le bâtiment des Primaires, bien qu'il fût plus récent, et dangereusement fissuré les deux autres. Heureusement que les élèves avaient déjà quitté l'établissement quand la terre a tremblé à 16h53. La perte en vies humaines aurait été encore plus dramatique. Le bâtiment des Secondaires a dû être détruit par la suite.

De mon temps, l'enseignement primaire était assuré par des instituteurs laïcs, le secondaire par une douzaine de prêtres européens et canadiens sauf la 6e C qui était aux mains de Monsieur Innocent, un Haïtien. Puisque le niveau des études était nettement plus bas à Petit-Goâve, je fus admis en 7e, comme si je redoublais. Mon professeur

s'appelait Béranger Julien, alias Ti Bé, ancien collègue de papa. Ce qui facilita mon adaptation. Mon père m'accompagna en personne le jour de la rentrée. Il était comme chez lui et saluait tout le monde. Dans cette cour immense, j'étais impressionné par son aisance et angoissé par tant de nouveautés. À mes yeux, il était un géant, de taille et d'esprit. Quand il me laissa un jour chez l'une de mes tantes et que je lui demandai s'il repasserait le lendemain, je l'entendis répondre : Probablement.
-Pourquoi dis-tu probablement ? -Parce que l'homme propose et Dieu dispose. J'étais émerveillé devant tant de savoir et tant de sagesse et ces expressions firent leur entrée dans l'arsenal de mon vocabulaire français. Ce n'est que beaucoup plus tard que je me suis dit que mon père s'était abrité derrière une formule-bateau, une phrase alambiquée pour éviter d'approfondir sa réponse.

J'avais quand même une certaine avance sur la moyenne de la classe et je me retrouvai en concurrence avec le plus doué, le petit Malebranche qui, selon Ti Bé, avait plusieurs branches.

Je rentre dans la petite chapelle où nous étions tenus d'aller à confesse auprès de nos professeurs, ce que à posteriori je trouve malsain. Ti Bazile ne s'encombrait pas de ces scrupules. De trois ans notre aîné, il passait pour un grand affabulateur, un mythomane sans pareil. Ce qu'ignoraient nos professeurs. Pourvu d'une imagination exubérante, il prenait à son compte plein d'histoires rocambolesques et licencieuses qu'il racontait à confesse avec profusion de détails affriolants. La liste de ces péchés mortels était interminable et son passage au confessionnal durait une éternité. Il changeait à dessein de prêtres qu'il semblait scandaliser et amuser en même temps. Comme pénitence, il s'en sortait avec une litanie de Pater, d'Ave et d'actes de contrition qu'il devait réciter sur place. Ti Bazile prenait son temps, faisait mine de s'appliquer et regagnait la classe longtemps après ses camarades. Il échappait souvent par ce biais à des interrogations orales ou écrites. Les plus sévères d'entre nous disaient : *Ti bouail çaa, gain madichon*, ce garçon est maudit.

Je repense aux camarades de la première rangée qui s'abritaient ostensiblement derrière leurs bras en croix pour échapper aux postillons du père supérieur, l'alsacien Grienenberger, si fier de porter le bouc. Je revois toutes les fois où nous avons fait le mur pour échapper aux trop nombreux chemins de croix de la période de carême. Je me promène au milieu des décombres de mon ancien collège avec un gros serrement de cœur. Les souvenirs remontent. Ils se bousculent. Je me rends dans la cour des Secondaires où jadis l'ambiance était conviviale et où je m'étais vite fait de bons copains au volley, au basket, au *lago*, course-poursuite. C'était l'époque où toute l'école saluait les performances de Ti Carré, un bolide infatigable, qu'une meute de camarades lancés à ses trousses n'arrivait pas à rattraper une fois qu'il était lancé. Il vous passait entre les jambes, sautait sur les tables, utilisait trente-six stratagèmes pour vous filer entre les doigts avec une agilité exceptionnelle. Quelqu'un l'aurait finalement saisi par la chemise, Ti Carré la déboutonnait subrepticement et s'échappait aussitôt laissant son camarade tout pantois, un bout de tissu à la main. Paradoxalement, notre champion avait les pattes courtes. Il était loin d'être bâti comme un Éthiopien. J'ignore ce qu' il est devenu. Il faudra que je me renseigne.

Devant moi, le terrain de volley-ball. C'est vrai que j'y jouais souvent, que j'étais parmi les meilleurs, aidé par ma grande taille et mon audace de tous les diables. Imbattable au filet. J'ai le souvenir d'une rencontre amicale avec le collège Bird que nous avons dominé d'un bout à l'autre.

Le souvenir de nos trois camarades séminaristes reflue. Nous les appelions des Apostoliques. Aux dernières nouvelles, ils auraient tous abandonné la prêtrise. Puis, d'autres scènes surgissent, se bousculent. J'entrevois Gaby, qu'on appelait Obéron, en raison de sa petite taille. Je pense à Morholt, le plus grand de la classe. Tout le monde avait un surnom même nos professeurs. Surnoms qui s'adaptaient le plus souvent à notre programme d'études, aux personnages que nous rencontrions en littérature. Je repense au père Muller, prof principal de la 6e A, à Ti Gisler, 5e A, qui devint préfet de discipline, au père Grétillat, alias Girafe, grand, mince et svelte, qui régnait sur les laboratoires de Physique-Chimie, à Lepallud, le dandy parisien, qui, disait-on, plaisait à toutes les sœurs de Lalue. (Ne bougez pas d'un quart de poil, nous a-t-il lancé un jour avec son accent pointu). À Morvan, le matheux, disert et souriant, à Henninger, prof de latin, à Schumaker, l'allemand, plutôt discret, qui sautillait en marchant, à Potevin, un brave Canadien qui nous a appris à dire : I am a boy. À Betemburg, plus âgé, qui devint père supérieur après l'expulsion de Grienen, à Ti Adrien, le seul compatriote, connu pour enseigner une histoire haïtienne sentimentale alors que dans les années 60 on parlait beaucoup de matérialisme dialectique. Qui ne se souvient pas du père Grotte, d'origine hollandaise, qui fut longtemps préfet de discipline ? Il se promenait dans nos rangs avec une règle en bois et nous rappelait à l'ordre en tapant sur nos crânes et en vociférant son sempiternel : la tête est creux. Et quand le petit groupe riait aux éclats, notre clown ajoutait ostensiblement : ZEU ! Grienenberger nous enseigna une année, je ne sais plus quelle matière. En raison de ses responsabilités de Père Supérieur, ce fut un vrai courant d'air. Il nous faisait souvent plancher à l'écrit, s'éclipsait de longs moments après avoir lancé son sempiternel "Chacun pour soi et Dieu pour tous". Et quand il annonçait à haute voix, les résultats trimestriels, sans commisération aucune, il commençait par le dernier de la classe : « Premier, par la queue... »

Nous nous moquions follement et sans pitié du prof de 1e, le père Parrain ou Chado, Schneider de son vrai nom, qui nous enseignait le français, le latin et la littérature haïtienne. Le bruit courait qu'il était l'oncle de Romy. Complètement sourd de l'oreille gauche, il ne pouvait non plus tenir la tête droite, la penchant tantôt d'un côté, tantôt de l'autre. Nous alignions un tissu d'insanités aux interrogations orales quand il nous tendait l'oreille défectueuse. Des éclats de rires fusaient de tous côtés qui déclenchaient l'intervention du préfet de discipline quand il traînait ses savates dans le coin. Le bruit courait que le père Parrain draguait la cuisinière, madame Arnold. Dans la classe fusait de temps en temps le nom de son "amoureuse". Quelqu'un aurait fait croire au père Parrain que notre camarade Armand, alias Bois d'Ébène, est Tonton Macoute, Armand était alors respecté et craint par le prof. Quand on chahutait dans la classe, il se levait et tapait du poing sur son pupitre pour rétablir le silence. Alors le père Parrain retrouvait son autorité et brandissant l'index droit, il lançait à l'adresse de celui qui chahutait le plus : sortez-moi ! (Prononcer : shortez-moi) Pour fustiger nos négligences et le manque de soins que nous apportions au travail, il avait une formule qui revenait comme un leitmotiv : C'est au petit bonheur la chance ! Mon père raconte que de son temps à lui, leur livre de français s'appelait : *Les 600 devoirs*. Le prêtre breton les invitait régulièrement à prendre les 600 devouèrs pour le devouèr de ce souèr. Et la classe pouffait de rire à l'unisson.

En 6e A, le père Muller nous incita à la lecture grâce à sa belle collection de livres pour la Jeunesse. Plus tard, la Bibliothèque Haïtienne des Pères du Saint-Esprit (BHPS), la plus ancienne bibliothèque d'Haïti (1873) était à notre disposition. Son importante documentation sur Haïti, sur l'Histoire de la Caraïbe et celle de l'Esclavage dans le monde ne nous a malheureusement pas beaucoup intéressés.

Le Collège Saint-Martial est de l'avis de tous une excellente école avec des professeurs capables et sérieux, quoique conservateurs. Ils constituèrent aussi un foyer de résistance à François Duvalier qui les expulsa un à un. Combien de fois n'ai-je pas séché des cours d'histoire religieuse et refusé de participer à des interrogations de catéchisme pendant l'année du baccalauréat ? Combien de fois ai-je fait le mur pour échapper aux offices pendant la semaine sainte. J'étais heureusement dispensé de la messe du dimanche parce que j'habitais Pétion-Ville, en dehors de la capitale. Je ne fus nullement un élève sage et studieux et les différents préfets de discipline eurent du fil à retordre avec moi. Il paraît que j'étais le meneur, toujours à l'origine d'un "mauvais coup". J'étais marqué à la culotte et mon absence à la petite chapelle était vite remarquée.

28

OÙ JE ME SUIS FAIT UN NOUVEL AMI

Georges devint mon copain dès ma première année au Séminaire. C'était un garçon calme, réservé, l'aîné d'une longue fratrie qui continuait à grossir. Son père était originaire de Jérémie, le fief des mulâtres, à trois cents km à l'Ouest de Port-au-Prince. Sa mère était de descendance allemande. Georges était physiquement différent de la plupart d'entre nous. Il ressemblait plutôt à un petit Hindou.

J'optai par la suite pour la section Lettres avec le grec et le latin tandis que mon nouvel ami choisit l'espagnol et les maths. Nous avions certains cours en commun. Georges habitait non loin de la ruelle Berne où mon père avait ses bureaux et sa fabrique de matériaux de construction si bien qu'à la sortie de l'école nous faisions le chemin ensemble, un long chemin qui nous faisait passer régulièrement à Lalue devant l'École des Sœurs, quand les filles sortaient elles aussi. C'était le meilleur moment de la journée. Nous les regardions furtivement.

Dans la grande cour de chez Georges nous avons petit à petit installé un coin musculation où nous nous retrouvions souvent. Mon corps se transforma assez rapidement, mes muscles devinrent saillants et je rentrai un laps de temps dans la catégorie des "gros nègres". À chacune des vacances, je changeais de rythme. Je repartais à Petit-Goâve vers des habitudes différentes. Immuablement, nous retrouvions sur la table de la salle à manger une bouteille d'émulsion Scott, médicament fétiche contre le rachitisme. Il fallait tous les matins ingurgiter une cuillerée de cette huile de foie de morue au goût rance. La famille de ma mère était persuadée que nous étions mal nourris à Port-au-Prince et qu'il fallait prendre des forces pendant les vacances à Petit-Goâve. Tout a été décousu pendant mon adolescence et même pendant ma petite enfance. J'étais transbahuté entre un père et un grand-père, une tante et une autre - et elles étaient nombreuses - de Pétion-Ville à Petit-Goâve en passant par Port-au-Prince. Le divorce de mes parents qui divisa les deux familles et entraîna ces changements fréquents de résidence fut-il à l'origine de mon profond dégoût pour la monotonie ? Pouvait-on déjà voir poindre, dans celui qui ne s'était jamais réellement posé, l'infatigable voyageur que je suis devenu ? Ma grand-mère ne m'appelait-elle pas l'Hebdomadaire puisque, à l'âge de dix ans, j'allais seul toutes les fins de semaine de Petit-Goâve à Pétion-Ville visiter mes sœurs confiées à tante Cora. Près de quatre heures de camion, il fallait, par temps sec. Le passage coûtait trois gourdes à l'époque avec Soulouque, Gros Zotobré ou Petit Zotobré. J'ai de plus le sentiment de n'avoir jamais vraiment eu un chez moi, voire de ne m'être jamais senti pleinement à l'aise ici ou là, l'impression, à tord ou à raison, d'avoir pu être encombrant ou indésirable. Cela explique-t-il mon attitude réservée, quoique chaleureuse, ma franchise maîtrisée, la distance naturelle que je mets dans ma relation à autrui et même parfois une crainte récurrente de gêner ? Je me dis trop souvent que l'invité idéal est celui qui reste chez lui.

Georges et moi racontons volontiers l'histoire suivante : Mon ami repère une fille qui semble lui plaire alors qu'il n'a jamais entendu le son de sa voix. Nous localisons sa maison. Les *cazouels*, timides, que nous sommes s'amusent à passer et à repasser dans la rue, juste devant la galerie de la fille. Sa mère s'aperçoit de notre petit manège et sort brusquement. Elle se plante devant nous et d'un doigt menaçant ordonne à Georges de cesser de harceler sa fille. Mon sang ne fait qu'un tour. Je lui rétorque dans un français hésitant et traduit du créole que rien ne l'autorise à *longer le doigt* dans la figure de mon copain. Je me serais mis sous terre tant j'avais honte quand la dame me cloua le bec d'un : « Un grand garçon comme vous ne dit pas *longer le doigt*. » Nous partons sur le champ sans demander notre reste et plus jamais nous ne repassons dans cette maudite rue.

Le Club Camaraderie où nous allions danser une fois devenus plus grands était situé en face de chez Georges. C'était l'époque du cha-cha-cha. Un de nos aînés faisait ses humanités au Lycée Toussaint Louverture de Port-au-Prince. Avec un père historien et écrivain, il vantait le génie de la langue française et nous apprenait des phrases à décliner aux filles pour les charmer. Nous avons encore en mémoire celle-ci quoique longue et impossible à placer. J'ai essayé de la transmettre à mon petit fils, Tom, quatorze ans, la présentant comme le sésame avec lequel j'ai conquis Mamy. C'est du Moyen-âge, ta formule, elle ne vaut rien, me suis-je entendu répondre, d'un ton goguenard. En effet, en dansant avec une jeune fille, la musique couvrant la voix, il était difficile d'accoucher. Dès la mise en route du disque, la cavalière disait : Quoi ? Quoi ? Je n'entends pas. Et nous recommencions par le début. Pour les plus courageux et les plus optimistes, voici la formule magique : *le cœur de l'homme est un vase profond, si la première goutte qu'on y verse est impure, la mer passerait sans laver la souillure, car...*

Le Cercle Bellevue de Bourdon sur la route de Pétion-Ville était un peu plus sélect, une institution privée fréquentée par l'élite mulâtre de la capitale. Revêtus de nos plus beaux atours, empruntant parfois les habits des copains, nous nous y invitions, sans être membres. Je me faisais appeler Martin et Georges, Flambert, des noms de bourgeois. C'était chic, c'était grand, c'était jouissif. Notre formule magique ne nous y a jamais valu la moindre conquête.

Nous allions souvent au cinéma à Paramout, au Rex et au Palace autour du Champs de Mars, très rarement au Théâtre de Verdure qui se trouvait au bas de la ville. Pendant les grandes vacances d'été, il nous arrivait de monter à Kenscoff, dans les hauteurs de Port-au-Prince, au milieu des pins. La température chutait. Le brouillard se levait. L'air était plus léger.

Une autre activité qui nous enchantait car elle était agréable et gratuite, c'était la célébration des fêtes nationales aux ambassades étrangères. Revêtus de notre veste *universelle*, nous fêtions tous les ans le 14 juillet au Manoir des Lauriers avec champagne et petits fours à volonté. Et nous ramenions même de très bonnes choses pour les copains absents. De notre vie, nous n'avions jamais vu ni jamais dégusté de mets aussi fins ; que des produits importés. Nous côtoyions aussi des personnalités importantes, des intellectuels, des politiciens, des diplomates. Je me souviens avoir entendu Madame Madiou, une personne très en vue à l'époque, s'exclamer devant un buffet : Que la table est sympathique ! J'étais impressionné par la formule, moi qui n'arrivais pas à aligner deux mots de français, croyais que seuls les gens pouvaient être sympas. Avec quelques amis, nous faisions ainsi plusieurs ambassades. L'information circulait. Il suffisait de se trouver une veste et une cravate. Le mois de juillet était particulièrement riche en réceptions : Argentine, Canada, Belgique, France, Cuba. Certaines ambassades étaient plus généreuses que d'autres et nous le savions. Nous n'avons jamais osé essayer celle des Etats-Unis où il fallait montrer patte blanche pour rentrer.

De même qu'une vie nocturne se poursuivait en France sous l'Occupation allemande, sous la dictature duvaliériste toutes nos activités coexistaient avec la misère, les arrestations, la torture, les meurtres, les invasions de guérilleros. Égoïsme fondamental ? Seuls les couvre-feux nous retenaient à la maison.

Les rencontres avec Georges étaient quotidiennes. Il vint même à Petit-Goâve à l'occasion des fêtes de la 15 août et nous ne nous sommes séparés qu'à mon départ pour la

France. Il choisit à ce moment-là de rentrer dans une banque nord-américaine de Port-au-Prince. C'était juste après que j'eus quitté le pays que Georges connut Mona. Nous avons eu l'occasion de revenir maintes et maintes fois sur les circonstances de cette rencontre, sur les premières visites rendues à la Belle. La version est toujours la même, enthousiaste et un brin nostalgique de cette période où ils avaient vingt ans.

Muté à New York, Georges continua sa carrière à la banque et épousa Mona qui l'avait rejoint. Je l'ai revu maintes et maintes fois avec un plaisir sans cesse décuplé, tantôt à New York, tantôt en France et nous nous associons à tous les événements familiaux : naissances, mariages, décès.

Il vit actuellement en Floride avec sa femme que j'ai appris à connaître et à apprécier. Je leur ai souhaité il y a deux ans la bienvenue au Club des Grands-Parents.

29

UNE SOIRÉE SOUS LES TROPIQUES

Bercés par le chant des cigales, nous sommes installés sur la terrasse de chez Odilon entre deux haies de bougainvillées, autour de quelques verres de Cuba libre bien frais et d'un plat ovale rempli de petits acras de morue très relevés que Ariane nous a préparés personnellement avec un soin particulier. Du salon nous parvient la voix de Martha Jean-Claude chantant Dodo Titite. Un nuage de maringouins voltige autour d'un lampadaire. Il fait quand même doux comparativement à la chaleur accablante qui doit sévir à Port-au-Prince, une dizaine de kilomètres plus bas. Deux confrères de mon ami sont présents. - On lève le verre à la renaissance du pays. - Au renouveau. - À la reconstruction. - À la réussite du gouvernement. - Au départ de la Minustah. - À l'indépendance nationale. - À l'amitié qui nous unit.

- Notre pays s'est totalement transformé depuis mon retour de France, lance Pierrot Dorvilien, le visage grimaçant. Il s'est appauvri, dégradé. Même les fortunes ont changé de main avec le kidnapping, le trafic de drogue, les vols, les enrichissements à l'étranger. La gourde, autrefois indexée sur le dollar US, s'est effondrée. Quand on pense que la parité était de cinq gourdes pour un dollar américain. Il en faut maintenant quarante. Les millionnaires en gourdes ont vu ainsi fondre leur fortune.

Réalisant que l'obscurité se fait de plus en plus dense à l'extérieur, je demande à nos convives : Vous ne craignez pas

de rentrer chez vous après la nuit tombée. Ignorez-vous alors le risque de kidnapping ?
- Nous habitons tous Pétion-Ville. À cette heure-ci en effet, nous serions tout à fait inconscients de descendre à Port-au-Prince. La route est un vrai coupe-gorge la nuit, concède Henri Duteuil.
- La situation ne s'est donc pas améliorée dis-je, enfonçant le clou.
- Amélioration ! Mon œil ! rétorque Pierrot. Disons plutôt que les réseaux se sont structurés. Des petits malfrats repèrent un client dont la famille est solvable. Ils l'enlèvent et le monnayent auprès d'un groupe plus organisé qui fixe la rançon. Pierrot s'arrête, s'envoie une rasade de rhum Barbancourt, chausse ses lunettes de vue et continue : Parfois, il semble qu il y a une accalmie et, un beau jour, les affaires reprennent. ll semblerait même que certains Port-au-Princiens dans le besoin simulent parfois un kidnapping pour soutirer de l'argent à la famille qui vit à l'étranger.
- La vue de tous ces 4x4 climatisés et souvent blindés qui circulent dans la capitale prouvent bien l'existence d'une caste de riches. Ils sont très privilégiés au milieu de tant de miséreux, insisté-je, rabat-joie.
- Beaucoup de fortunes ont l'air de pousser comme des champignons. Corruption et trafic de drogue sont en effet des sources d'enrichissement rapide, conclut Henry d'un air d'impuissance.
- Que fait alors le gouvernement ? À quoi sert la Minustah ?
- Minustah rime avec tourista.. Ce sont des touristes. Le gouvernement paraît impuissant dans ce domaine de la sécurité car la police elle-même est gangrenée ; ce qui constitue un vrai fléau, lâche Henri avec placidité, trahissant une certaine lassitude d'avoir à énoncer ce qu'il considère comme une évidence.
- Par contre, les avancées seraient significatives dans les domaines de la santé et de l'éducation, ajoute Odilon, jusque là silencieux et occupé, en qualité d'hôte attentionné, à

remplir les verres et garnir nos assiettes. L'accent devrait davantage être mis dans les zones rurales, précise-t-il.

- En effet, le gouvernement travaille, confirme Pierrot. La jeune ministre du tourisme effectua dernièrement un voyage au Canada pour faire la promotion du tourisme en Haïti. Des contacts étroits auraient été pris avec les dirigeants de Air Transat et du tour opérateur Mont Royal. Aux Etats-Unis, sur l'I-95, l'une des autoroutes les plus fréquentées de l'Etat de Floride, a été placé un panneau publicitaire géant vantant la beauté des plages d'Haïti.

Je me lève un instant pour admirer le clair de lune. L'un des amis d'Odilon vient à moi. Il parle des premiers pas du président Hollande, des mesures d'austérité, de la "normalitude" avant de conclure : Les Français ne se rendent pas compte à quel point ils sont heureux. Si nous avions une infime part de ce qu'ils possèdent, nous remercierions le ciel. Un petit séjour ici leur ferait un peu de bien. Ma foi, ma foi, nous sommes en présence de deux mondes totalement différents. On ne peut comparer.

C'est curieux, pensé-je peu après, la discussion se fait en français. Aurais-je servi de catalyseur ? D'anciens étudiants des universités de France auraient désiré par une sorte de nostalgie faire prendre de l'air à certains mots qu'ils n'ont plus guère l'occasion d'utiliser souvent. Je suis frappé de noter que mes compatriotes instruits continuent à s'exprimer dans un français châtié et qu'ils sont informés en temps réel de l'actualité internationale et française. L'Internet aurait-il mondialisé la culture, l'information ?

Je constate aussi depuis mon arrivée que le créole a beaucoup évolué avec le temps. Il s'est enrichi de nouvelles expressions idiomatiques à la mode d'aujourd'hui et d'une flopée d'américanismes. Par contre, celui que je parle a changé d'intonation. Il est truffé de mots franchement désuets et s'est de plus retrouvé francisé à outrance avec des tournures de phrases traduites de la langue de Molière. Mes

comparaisons, mes références sont dépassées comme si je surgissais du Moyen-Âge.
Odilon tient une cassette vidéo à la main. Il l'introduit dans le magnétoscope. La caméra montre les premières images du tremblement de terre à Port-au-Prince, filme des visages hagards, recueille des témoignages les uns plus troublants que les autres. Tel celui d'un cordonnier qui s'estimait plus chanceux que son voisin : je n'ai perdu qu'un enfant alors que Dieudonné en a perdu trois.

Après avoir siroté la meilleure confiture de sapotilles que j'aie jamais vue, nous prenons congé de nos convives qui repartent sous une nuit étoilée. Odilon me raconte alors la mésaventure de son ami Henri : il avait fait l'acquisition de trois *carreaux* de terre qu'il avait confiés à un gérant qui lui versait une petite rétribution. Les retards de paiement étaient coutumiers mais Henri se montrait indulgent. Quand, à son retour de France il y a environ deux années, il se rendit sur les lieux c'était pour réaliser que la propriété venait d'être démembrée et vendue à son insu en de nombreux lots. Le gérant avait pris la poudre d'escampette avec son pactole inespéré. Un avocat de la capitale lui a réclamé la rondelette somme de cinq mille dollars américains comme provisions de frais pour la procédure d'expulsion.
Et je conclus que l'on ne peut faire confiance à personne dans ce pays, la corruption est à tous les étages de la société.

J'ouvre la bibliothèque d'Odilon, en sors au hasard *Compère Général Soleil* de Jacques Stephen Alexis. Je me glisse ensuite sous ma moustiquaire alors que je suis à tout moment aspergé de répulsif anti-insectes. Je passe une bonne heure en compagnie d'Hilarion, le héros de ce livre si attendrissant et je finis par m'endormir doucement. Il est plus de minuit. Je rêve. *Je suis à cheval, en chemin pour Les Palmes, dans les mornes, 9e et 10e sections rurales de Petit-Goâve. Après avoir traversé une tumultueuse rivière, je mets pied à terre.*

Honneur et respect, lance Lestra, le gérant des terres de Papy qui m'accueille dans son flamboyant costume gros bleu de Notable. Et je me retrouve au milieu de caféiers d'environ deux mètres de haut avec des cerises de café de la taille d'une sapotille.

30

DESTINATION SUD

Je n'avais fait que signaler mon intention de faire un détour dans le sud du pays. Est-ce parce que la région ne correspond pas aux clichés véhiculés sur Haïti que j'ai douté de son intérêt pour le lecteur ? En fait, ce ne fut pas un simple détour et le séjour fut plus long et plus enrichissant que prévu.

Après avoir tourné le dos aux cimetières de Petit-Goâve et fait un dernier tour de ville, j'empruntai en compagnie d'Ariane et d'Odilon la Nationale 2. Le premier arrêt se fit chez le fils aîné de Mondon, Pascal que je rencontrais pour la première fois. Le hasard voulut qu'il habitât juste à côté d'un producteur renommé de Dous Macos, les héritiers de madame Labarre. Ce fut le second arrêt, une étape de ravitaillement. Le voyage à destination du Sud promettait d'être agréable. J'ai pu alterner le chamm-chamm et la dous.

La route est magnifique. En ce mercredi matin, le marché de Vialet, 1ᵉ section rurale de Petit-Goâve, battait son plein. Au parking, une ribambelle de petits ânes attachés à des arbres, attendaient leurs maîtres. L'ambiance était chaude. Les vendeurs de poules et de coqs, debout le long de la nationale, exhibaient des volailles bien vivantes, suspendues par les pieds. À même le sol des étalages de fruits : des tout petits citrons verts, des ananas, des papayes, des queneppes, des corossols, des bananes, des mangues. Des vendeurs de canne à sucre m'interpellaient : Blanc, ou pa vlé mangé kan ? Je reconnus une restauratrice de Petit-Goâve qui faisait ses achats.

Après avoir revu l'étang de Miragoâne dans lequel Odilon et moi nous faillîmes sombrer il y a environ soixante ans quand notre barque chavira d'un seul coup, d'un seul, ce fut un peu plus tard la traversée de Cavaillon avec son marché au bord de la rivière où les femmes en petite culotte lavaient et battaient le linge. Là encore un troupeau d'ânes attendait docilement. La petite église de Cavaillon dominait la scène. Je rejoignis la voiture devant le complexe administratif, concept mis en place récemment dans la plupart des communes : hôtel de ville, tribunal administratif, bureau d'état civil. Non loin, un immense panneau dénonçait la responsabilité de la Minustah dans l'épidémie de choléra de 2010 : **Minustah et Choléra cé marassa**, jumeaux. De part et d'autre du ruban d'asphalte, des arbres d'une vingtaine de mètres, à la tige droite et aux petites fleurs blanches en grappe, qui sentent bon. À croissance rapide, ils viendraient de Birmanie. Ils ont été offerts au pays par les Etats-Unis pendant la construction de la route du sud pour activer le reboisement. Ils sont très feuillus, très résistants. Les paysans leur reprochent d'être trop envahissants. Haïti est le pays d'Amérique où l'on rencontre le plus de *neems*.

Je suis arrivé ensuite aux Cayes, la capitale du Grand Sud. Il tombait une pluie fine. Je me suis abrité sous un petit parapluie pour continuer ma visite. Un énorme camion livrait du vétiver à l'usine qui approvisionne 70% du marché mondial d'huiles essentielles. De la même famille que le bambou, la citronnelle et la canne à sucre, c'est la plus grosse production de la plaine des Cayes. Le vétiver stimulerait l'appétit.

En face du marché où l'on trouve des chapeaux, des couvre-plats, des encadrements de photos fabriqués avec le vétiver, un groupe de fidèles chantait et dansait au son du tambour me rappelant les cérémonies du Père Pedro à Madagascar et celles de Padre Marcello Rossi au Brésil.

Dans une rue congestionnée et bruyante, une radio braillait de la publicité pour un nouveau gynécologue, suivie

d'une réclame appuyée pour un organisme de transfert d'argent. Une inscription géante occupait tout un mur :
Lamothe et Martelli bouzhen national
1er ministre)   (président)   (putes nationales)
Dans la 1ᵉ grand-rue de la ville, j'ai pénétré dans une quincaillerie, attiré par la présence de deux policiers de la Minustah. Habits de léopard, casquettes bleues, bottes noires. Ils faisaient des achats. À l'épaule, une étiquette mentionnait qu'ils font partie du contingent Uruguay. Par la suite, j'ai découvert le pot aux roses : Il y avait non loin, à Port-Salut deux bases de la Minustah où étaient affectés les Uruguayens pour surveiller le trafic de drogue venant de la Colombie. Cinq policiers du contingent violèrent un Haïtien d'une vingtaine d'années et filmèrent eux-mêmes la scène. La vidéo fut retrouvée par hasard et tous les agents Minustah de Port-Salut se barricadèrent dans leurs campements par crainte de représailles de la population locale.

Les policiers accusés furent mis à pied, rapatriés à Montevideo où eut lieu le procès, apparemment en présence de la victime, de ses parents et du député de Port-Salut. L'accusation de viol fut abandonnée, les policiers condamnés à une légère peine de prison ; la victime fut dédommagée et quitta Port-Salut pour Port-au-Prince. Le député obtint la fermeture des bases qui se trouvaient dans sa commune et elles s'installèrent aux Cayes.

Les côtes ne furent plus surveillées et les trafiquants de drogue moins inquiétés.

Je me suis dit : et le tourisme, qu'est-ce que ça donne ? Me voilà donc à Île-à-Vache, à douze kilomètres des côtes cayennes. C'est un paradis de verdure et de tranquillité. Les manguiers semblent généreux. Selon une vieille dame, "l'Éternel nous gratifie de deux saisons par an depuis quelque temps, juillet et décembre". Pas de voiture. Les gens sont sympas. J'ai arpenté les lieux en compagnie d'un guide et d'une petite troupe de cinq gamins qui ne me lâchèrent pas d'une semelle. Il avait plu la nuit d'avant. Le sol était boueux et glissant et j'ai failli à plusieurs reprises *acheter un carreau de terre*, me casser la figure. - J'ai vu que tu as jeté un regard langoureux sur la fille que nous avons croisée. - Oh ! c'est ma cousine, la petite Micheline. - Tu me prends pour un imbécile. On ne regarde pas ainsi une cousine. - Tu as l'œil, tu ferais un bon garde du corps. Et pendant toute la promenade nous nous sommes interpellés et taquinés. - Tu ressembles au président, tu es sans doute Martelli. - Toi, je te nomme ministre de l'intérieur. Toi tu es le nouveau député et le petit là-bas j'en fais un sénateur. - Oui, je suis sénateur et lui député. Et pour vérifier si j'étais un vrai Haïtien, ils me questionnèrent sur le sens de certains mots : zotobré, zouzoune etc.

Au moment de les quitter je mis la main dans la poche feignant de retirer un billet de banque. Je tendis ensuite la main refermée en direction d'un des garçons et fis mine de lui glisser l'argent dans le creux de la main. Je dépliai aussitôt mon médius qu'il reçut alors dans sa petite paume. Loin de montrer une quelconque déception, le garçon, de contentement, se roula par terre dans tous les sens en se tordant de rire tandis que ses camarades s'enflammaient aussi de plus belle. Ils avaient tous compris que je leur faisais une blague et que la récompense viendrait certainement. La confiance était établie.

Si je rapporte cet instant, apparemment insignifiant, c'est certainement parce que j'ai le sentiment qu'il se passa quelque chose entre les gamins et moi. Ils furent heureux de se sentir considérés et écoutés. De mon côté, à travers leur présence, ce fut la rencontre avec ma propre enfance, ma propre pré-adolescence qui n'étaient pas lointaines. Que la vie est courte ! En regardant ces enfants, je ne pouvais m'empêcher de penser au petit garçon que j'étais et de me dire que seule l'instruction pourra les sortir de l'Île-à-Vache.

La mer était calme et chaude, le sable blanc et fin, les cocotiers nombreux, la nourriture excellente, les bungalows confortables. Mais la rareté des clients et le coût élevé de l'énergie font un peu grimper les prix de l'hôtellerie.

Le lendemain, quand la chaloupe à moteur s'éloigna de la petite île en direction des Cayes, j'ai eu un pincement au cœur en repensant à ces gamins que j'avais quittés.

31

PORT-SALUT ET SA RÉGION

La route est belle, des Cayes à Port-Salut. Elle a été offerte par Taiwan. On disait le pays déboisé. Je trouve la végétation assez dense. Partout des manguiers à profusion, des cocotiers, des arbres à pain, des leucemats, des *neems,* des lataniers, beaucoup d'arbres véritables, des caïmittiers, des goyaviers et ceci malgré la présence persistante du Cuscuta americana, appelé vulgairement Lamitye. Cette liane herbacée orange parasite et très envahissante enveloppe les arbres, les arbustes, comme pour les étouffer. C'est cela l'amitié !!!

Port-Salut, peuplée d'environ vingt mille habitants reçoit beaucoup de touristes haïtiens. C'est, paraît-il, la plaque tournante du trafic de drogue. On a déjà trouvé au petit matin, sur les rivages de Port-Salut, un navire abandonné après une traversée nocturne. Il peut valoir cent mille dollars américains, une somme dérisoire par rapport à la valeur de la cargaison. Certaines fortunes poussent comme des champignons. Qu'a fait la Minustah ? Force d'interposition entre différents groupes armés, elle a temporisé et évité les affrontements. Elle s'est surtout montrée impuissante face à des trafiquants bourrés d'argent et surarmés. Certains pensent qu'elle est gangrenée. Sans aller si loin, la Minustah fournit surtout des postes bien rémunérés à des membres de l'ONU qui rehaussent de plus leurs CV par une expérience dans le pays le plus pauvre d'Amérique.

Port-Salut est la ville de l'ex-président Aristide. L'enfant du pays n'y serait jamais revenu depuis son retour d'exil en

2011. Que fait-il dans sa résidence de Tabarre à Port-au-Prince ? Toujours secrétaire général à vie de *Famille Lavalasse*, il serait en embuscade, attendant que la côte du président Martelli s'érode. On raconte que le jour de son retour, après sept ans d'absence, voyant arriver à Tabarre une foule considérable, il fit ouvrir le portail de sa belle propriété pour se faire acclamer et savourer sa popularité. La populace se jeta comme des brutes sur le somptueux buffet froid préparé pour la presse et les dignitaires et emporta assiettes, couverts et même du mobilier. La cérémonie se transforma en cauchemar pour l'ex-président.

Aristide revint deux mois seulement après Baby Doc qui avait dû quitter le pays en 1986. À son retour, Jean-Claude Duvalier alla se recueillir sur la tombe de ses grands-parents maternels à Léogâne. Il parraina ensuite une promotion d'étudiants de la faculté de Droit des Gonaïves. Les autorités lui demandèrent de s'abstenir de manifestations publiques. L'actuel ambassadeur français refusa de lui serrer la main à la commémoration de l'implantation de Frères de l'Instruction Chrétienne. Bill Clinton lui aurait aussi fait une mauvaise manière. Baby Doc habite sur la route de Fermathe et se contenterait d'assister aux funérailles d'anciens duvaliéristes et de leurs familles.

Le ciel était voilé. Il n'avait pas plu depuis quelques jours. Je longeai à pied les magnifiques plages de Pointe Sable et de Dauphinée. Un bus *Dignié* flambant neuf accompagnait des écoliers en excursion. Il était 9h du matin. Un groupe compact de pêcheurs tirait une grande nasse vers le rivage. Je me suis approché d'eux. Ils paraissaient très excités car le moment de vérité approchait.

La pêche était loin d'être miraculeuse. De toutes petites sardines, des poissons encore plus minuscules, quelques *cribiches*, crevettes, cinq ou six *ciric*, petits crabes, deux mulets. Pas de quoi se réjouir. Aucune déception ne se lisait sur les visages. Ils partagèrent le maigre butin et remirent la nasse à l'eau. N'empêche que le jour même, un pêcheur averti nous livra pas loin d'une quarantaine de belles langoustes, pour une joyeuse bombance.

J'ai continué à longer cette côte en voiture, empruntant jusqu'à Port-à-Piment une route asphaltée. L'activité était fortement réduite. Les habitations plus éparses. Tous les cent mètres pourtant, un kiosque à *borlette*, loto national. Aucune embarcation ni sur les rivages, ni en mer. Brusquement, un majestueux mapou se dressa le long de la route. La voiture s'immobilisa. Mes yeux s'ouvrirent le plus grand possible. Je m'en approchai, le touchai, le comparai aux fromagers vus en Afrique. Du haut de ses soixante mètres, il incarnait bien la force et la sagesse. J'armai mon appareil photo et mitraillai sur tous les angles.

Dans Port-à-Piment même on sentait que les gens étaient partis pour les Cayes, Port-au-Prince ou Pétion-ville. Le village se meurt.

32

2012, UNE ANNÉE RICHE EN ÉMOTIONS

Il y a tout juste quelques mois, j'ai visité Georges et Mona à Boca Raton à quatre vingts km au nord de Miami entre Fort Lauderdale et West Palm Beach. Ce fut une joie de retrouver à nouveau mon vieil ami du Petit Séminaire que je n'avais pas revu depuis sa visite à Eaubonne qui remonte à six ans. J'ai pu le voir évoluer dans son quotidien. Ils habitent dans ce que l'on appelle communément un «développement», une zone pavillonnaire résidentielle fermée, très aérée, gardée 24h/24 et donnant sur des golfs, des courts de tennis. L'endroit est reposant, la population plutôt âgée et les rues souvent désertées. Aucun piéton. Très peu de circulation. La plupart des maisons sont d'un bon standing et possèdent leur propre piscine. J'ai trouvé que Boca correspond bien au caractère de Georges : calme, serein, sage. Le couple est en effet tranquille, fusionnel et leur exemple m'inspire beaucoup. On sent qu'une grande indulgence réciproque les unit.

Georges est associé à mon adolescence, à l'enseignement secondaire, à Port-au-Prince. Longtemps après la disparition de sa première femme, son père a épousé une amie d'enfance de ma mère. C'est avec une grande joie que je les ai accueillis au cours de leur visite à Paris. Ensemble, nous avons fait une promenade sur la Seine avec les Bateaux Mouches. Ils ne sont plus de ce monde depuis une quinzaine d'années.

Odilon est plus lié à la petite enfance, à l'enseignement primaire, à Petit-Goâve, si cher à mon cœur. Il est d'ailleurs l'un des héros de mon premier livre qui traite de cette période. Nos deux familles ont de plus des liens très étroits. Pour essayer de faire simple, je dirais que Papy, le seul grand-père que j'aie connu, était curieusement le cousin germain des deux grands-parents maternels d'Odilon. Si bien que nos mères se retrouvèrent des cousines doublement issues de germains. Tante Lucette était d'ailleurs la marraine d'Odilon.

Dois-je parler d'une accélération dans ce retour aux origines ou d'un simple hasard du calendrier ? C'est en effet à seulement quelques mois d'intervalle que je séjourne chez Georges puis chez Odilon. À chaque fois que je rencontre mon ami-cousin, j'ai le sentiment qu'il est resté plus jeune que moi alors que je n'ai que huit petits mois de plus que lui. Serait-ce parce qu'il travaille encore ? Les médecins ont une vie professionnelle plus longue en moyenne. Serait-ce parce qu'il vit en Haïti, dans l'attente, ou l'espérance de grands changements, d'un mieux être dans son environnement global, avec éventuellement l'envie de vivre dans un monde plus développé, mieux structuré, plus sécurisé, dans le désir d'un ailleurs, d'Europe en particulier où vivent ses filles et ses petits-enfants ? .Alors que l'on pourrait dire, dans l'absolu, bien entendu, que je n'attends plus rien ou presque. L'envie, quel moteur, quelle locomotive ! Ne pourrait-on pas opposer ce concept à celui de l'ennui ? En fait, dans le cas présent, je n'en sais trop rien. Je sens que je marche sur des œufs.

Je devrais dire que Odilon et Georges font partie intrinsèque de moi en qualité de témoins ou d'acteurs du lancement du film de ma vie. Ils demeurent de plus, pour moi qui vis loin d'Haïti et de tout Haïtien, des liens exceptionnels et presque uniques avec le pays natal. Ils ne doivent pas avoir de moi la même représentation puisqu'ils ont épousé des compatriotes et qu'ils continuent à vivre dans notre milieu d'origine. Plus le temps passe, plus ils me sont précieux. Au fil des années, j'ai vu se déliter tant de relations amicales. C'est avec une certaine satisfaction que je parle de mon ami de maternelle, de celui de CM2. Plus tard, à l'université française, j'ai tissé des liens d'amitié avec d'autres compatriotes qui vivent depuis en Amérique du Nord. Nous correspondons souvent. Nos rencontres sont fréquentes, enthousiastes et enrichissantes. Ils se reconnaîtront.

C'est avec un contentement un peu amusé que je constate que Odilon, Georges et moi avons su conserver nos amours de jeunesse et mener à terme nos unions respectives. Tout semble du moins l'indiquer.

L'année 2012 fut pour moi riche en émotions. Outre les séjours d'exception chez les deux piliers de mon enfance, outre la réalisation de ce voyage en Haïti qui me tenait tant à cœur, j'ai revu Flore à Orlando, reçu les visites séparées de mes deux autres sœurs Mica et Sory que j'ai baladées dans Paris en évoquant sans cesse des souvenirs de Petit-Goâve. J'ai assisté de plus dans le sud de la France au mariage d'un de mes deux frères, fils de mon père, d'un deuxième lit. J'en avais été séparé par les circonstances de la vie. Ce furent incontestablement des retrouvailles heureuses, chaleureuses, d'autant plus attendrissantes que je découvris en même temps d'adorables neveux et nièces.

33

AU REVOIR PAPY

Avant de quitter Haïti, je tiens à visiter cet hôpital privé de Canapé-Vert où mon grand-père maternel rendit le dernier souffle. À l'époque, il s'agissait bel et bien d'un quartier résidentiel. L'environnement avait depuis radicalement changé. Le séisme de janvier 2010 avait sévi. Papy disait souvent qu'une minute suffisait pour changer une situation. Goudougoudou aura duré juste une minute.

J'apprends que l'hôpital est en fait un hôtel. Le malade loue la chambre et les services d'une infirmière libérale. Son médecin personnel le visite et prescrit les médicaments. La famille exécute l'ordonnance. L'hôpital facture la moindre intervention à la famille, même l'oxygène.

Je crois revoir mon grand-père agonisant dans son lit, branché par des tuyaux à diverses machines, le visage fermé ressemblant à du papier crépon, un voile de mort dans son regard. On susurrait qu'il souffrait d'artériosclérose, un terme bien savant pour moi à l'époque.

Un souvenir bien plus gai me submerge l'esprit : Papy est assis dans sa *dodine,* rocking-chair. Une de mes petites sœurs lui demande laquelle de ses trois femmes il a préférée. Je rappelle que les deux premières que nous n'avons pas connues sont mortes en couches. Papy répond calmement : « Cora était jolie, élancée. Marguerite avait la peau veloutée. En fait, je n'ai aimé que des belles femmes. » Circonspect comme toujours, il ajoute : « Je parle volontiers des morts, jamais des vivants. »

Son hospitalisation dura environ deux semaines. La famille, nombreuse, attristée, se relaya à son chevet. Il resta lucide jusqu'au bout. Et puis, ce fut la fin. Au revoir, Papy.

Le personnage le plus important de ma vie avait disparu. Puissent mes écrits le graver dans nos mémoires et le ramener un peu à la vie.

BILAN DE MON SÉJOUR

Ce voyage en Haïti devait se réaliser puisque je le désirais ardemment. Non que j'aie tenu à revoir la terre que j'ai foulée quand j'étais enfant. Sur ce chapitre, il ne pouvait y avoir que déception : j'étais prévenu du naufrage de mon pays, de l'apocalypse qui m'attendait.

Voulais-je me signifier que je n'avais rien renié, que j'étais resté fidèle à moi-même, au pays qui m'a nourri et éduqué, à ceux qui m'ont élevé et aimé ? Fidèle malgré la distance et les années écoulées, malgré les différences culturelles avec la terre d'accueil, fidèle en dépit des changements et des bouleversements ?

C'était de plus une affaire entre ma terre natale et moi, une transaction directe qui nécessitait une immersion totale. J'avais besoin d'être seul avec moi-même, face à moi-même. Cette démarche ne pouvait plus attendre car, à partir d'un certain âge, on ne maîtrise plus le temps qui passe.

Tristesse et révolte m'habitent face aux difficiles conditions de vie de la plupart de mes compatriotes. J'ai aussi honte face à l'indifférence et à l'égoïsme des nantis. Une chape de mélancolie me paralyse quand je pense au sort que subit mon pays. Pourquoi ne fonctionne-t-il pas comme la plupart des États ? Cela fait bien un demi-siècle que je porte cette terrible interrogation comme on porte un fardeau, un demi-siècle que j'accepte difficilement la misère de mes compatriotes que je compare à un boulet attaché à mes pieds.

Souvent, très souvent au cours de cette longue période où j'ai vécu loin de mon pays natal, j'étais persuadé que coexistaient deux personnes distinctes en moi : l'authentique avec ses fonds et ses tréfonds, rattaché à la terre qu'il a foulée lorsqu'il était enfant et, mon double c'est à dire ce nouvel être créé par le déracinement qui va, qui vient au quotidien et dont la propre vie se passe au dehors et est mise de côté ; un être qui doit parfois s'autocensurer.

Quand j'ai atteint l'âge où l'on arrondit les angles, j'avais trouvé une formule consensuelle : La France est mon pays, Haïti est ma patrie.

*

Il y eut ce voyage, ce retour aux sources. Me voilà replongé dans ma vie quotidienne à la suite d'un séjour difficile parmi mes Disparus. Je suis soulagé d'avoir pu leur rendre hommage mais en même temps j'ai le cœur endolori par un terrible constat : le pays que j'ai tant aimé fait aussi partie du monde des Disparus. Il est décédé. Je ne l'ai pas retrouvé. Il n'existe plus que dans mes rêves.

J'ai surtout le sentiment de m'être fait piéger par le temps que je n'ai pas vu passer ou que je n'ai pas voulu voir passer. Il a en effet tout balayé, tout transformé et parfois tout détruit. Aux affres de la misère environnante et du dernier tremblement de terre se sont ajoutés les ravages du temps. Je pense avoir sous-estimé cet aspect des choses en entreprenant ce retour au pays natal.

Après avoir déambulé des jours durant dans Petit-Goâve, scruté mes états d'âme, disserté, écouté, j'en viens à la conclusion que celui que je prenais pour mon double n'est qu'une autre partie de moi, tout aussi légitime, tout aussi authentique et qu'il faut s'efforcer de vivre en harmonie avec sa diversité, sa complexité. Pour simplifier, je suis forcé de dire qu'il existe deux périodes bien distinctes dans ma vie : l'enfance et l'âge adulte sans aucune suite logique entre elles. Quelque chose a foiré à un certain moment. À chacun son destin.

Puisque je suis parvenu à l'heure des bilans, je serais tenté de me demander si je n'aurais pas pu mieux faire. À l'époque de ma jeunesse, dans les années 60, il fallait se lancer dans la lutte armée comme le fils de l'ancien capitaine Faubin et beaucoup d'autres. Il se firent tous descendre. C'est ce qui arrivait à ceux qui prenaient les armes contre un dictateur soutenu par Washington, hormis l'expérience cubaine. Mon activisme n'aurait servi à rien. Il n'aurait pas changé un mot, un iota ni même une virgule à l'Histoire de mon pays. Ma génération a compris à ses dépens qu'il y avait des "bons dictateurs" et des mauvais dictateurs, deux poids, deux mesures.

Je serais également tenté de me demander si ma vie a quand même été intéressante. Oui, si une vie intéressante est une vie mouvementée, pleine de merveilleux voyages, pleine de zigzags. Pas du tout si je considère comme Vigny qu'une grande vie est une pensée de la jeunesse exécutée par l'âge mûr. De ce point de vue, je fais place à l'amertume et à la désillusion.

Ce séjour en Haïti après tant d'années d'absence, changera-t-il mon attitude envers mon propre passé ? Arriverai-je à me libérer, à m'échapper de ma Petite Enfance et de Petit-Goâve ? Ai-je une nouvelle identité ?

Alors que **Le Flamboyant**, écrit par le petit garçon dont je me souvenais, a essayé de faire revivre Petit-Goâve et la vie quotidienne, **Retour au pays natal**, écrit par le septuagénaire que je suis devenu, fait un état des lieux et un constat de décès.

Petit-Goâve. Port-au-Prince. Eaubonne. 2012.

TABLE DES MATIÈRES

AVANT-PROPOS : UN MAIL D'OTTAWA — 13

PREMIÈRE PARTIE : NATIF NATAL TI-GOÂVE — 15

RETOUR AUX SOURCES — 17

DANS CE QUI FUT LA MAISON DE PAPY — 21

LA FIN DE VIE DE MON GRAND-PÈRE — 25

PETIT-GOÂVE, VILLE COSMOPOLITE — 29

CHEZ UN ÉBÉNISTE D'AVANT-GARDE — 33

QU'EST DEVENUE L'ÉCOLE DES FRÈRES ? — 37

PALÉ FRANCÉ PA DI LESPRI — 43

LA DOUS MACOS — 47

LE COMMERÇANT ET LE BAIGNEUR — 51

MORT SUBITE — 53

LES TRÉSORS ENFOUIS — 59

LA PETITE CHIENNE DES DANTÈS — 63

LE NOTAIRE, LE BOGGIE ET LE SAPOTILLIER — 67

LES VOISINS ALLEMANDS — 71

BALADES EN NSU — 75

COUP DE FILET DANS LA VILLE — 79

MA REGRETTÉE MAMAN	83
OFFICIER-LES-BAINS ET LE HOUNFORT	89
DEVINEZ QUI SERT À DÎNER ?	95
LA VIE CHAHUTÉE DE GERMAIN POISSON	99
LES DISPARUS	103
DEUXIÈME PARTIE : PAP ET LE GRAND SUD	109
EFFROI ET HORREUR DANS LA CAPITALE	111
LA POUBELLE DES ÉTATS-UNIS	115
DANS LES HAUTEURS DE PÉTION-VILLE	119
LE QUARTIER DE FRÈRES	125
DES MÉDECINS CUBAINS EN HAÏTI	129
CHEZ DES HOMMES D'ÉGLISE	135
OÙ JE ME SUIS FAIT UN NOUVEL AMI	143
UNE SOIRÉE SOUS LES TROPIQUES	149
DESTINATION SUD	155
PORT-SALUT ET SA RÉGION	161
2012, UNE ANNÉE RICHE EN ÉMOTIONS	165
AU REVOIR PAPY	169
BILAN DE MON SÉJOUR	171

# Les Caraïbes
aux éditions L'Harmattan

Dernières parutions

GRANDES (LES) FAMILLES POLITIQUES DE GUADELOUPE
Un héritage transgénérationnel
Lefort Jean-Claude
L'appartenance à une famille prestigieuse de Guadeloupe est-elle nécessaire et suffisante pour se voir attribuer le droit d'être élu ? Qu'en est-il des compétences et mérites individuels ? Les postes politiques peuvent-ils se transmettre comme un héritage transgénérationnel ? L'auteur analyse les écrits et témoignages de ceux qui occupent encore le devant de la scène politique (Lucette Henri-Michaux), ceux qui se sont retirés (Henri Bangou) et a obtenu des interviews de fils, petit-fils ou neveux de certains (Lucien Bernier, Frédéric Jalton, René Toribio, François Louisy, Paul Lacavé, Furcie Tirolien).
(20.00 euros, 200 p.)
ISBN : 978-2-296-99364-8, ISBN EBOOK : 978-2-296-50791-3

CONTRIBUTION À L'HISTOIRE JURIDICO-POLITIQUE
DE L'OUTREMER FRANCAIS
Guadeloupe, Guyane, Martinique, Mayotte et La Réunion : vers des statuts sur mesure
Textes présentés et commentés par Jos Emmanuel
Ce recueil de textes rend accessibles les textes majeurs relatifs à l'évolution statutaire des départements d'outre-mer de 1946 à nos jours. Leur évolution statutaire a résulté de la volonté des présidents de la République et des chefs de gouvernement, des crises économiques et sociales récurrentes qu'ont connues ces cinq territoires et de la volonté des électorats locaux lorsqu'ils ont été consultés. Elle a également été influencée par la pensée et l'action de leaders politiques comme Aimé Césaire.
(Coll. Grale, 50.50 euros, 548 p.)
ISBN : 978-2-296-99373-0, ISBN EBOOK : 978-2-296-51044-9

DÉSHUMANISATION ET SUREXPLOITATION NÉOCOLONIALES
Démounaj et Pwofitasyon dans la Guadeloupe contemporaine
Verdol Philippe
Les concepts de déshumanisation (*Démounaj*) et de surexploitation (*Pwofitasyon*) ont été forgés à partir du vécu des Guadeloupéens. Cet essai postule l'existence d'un néocolonialisme français en Guadeloupe. Les néo-

colonies ne constituent-elles pas un laboratoire d'expérimentations sociales pour les capitalistes du monde entier ? Leur rapport social spécifique ne préfigure-t-il pas celui qui tend à s'instaurer ailleurs dans le monde, sitôt que les conditions «favorables» sont réunies par le capitalisme ?
(Coll. Pensée Africaine, 31.00 euros, 298 p.)
ISBN : 978-2-296-99514-7, ISBN EBOOK : 978-2-296-50976-4

PRATIQUES ARTISTIQUES CONTEMPORAINES EN MARTINIQUE
Esthétique de la rencontre 1
Berthet Dominique
Derrière les images de cartes postales de la Martinique, existe une autre réalité : un important bouillonnement artistique et un réel foisonnement de création. S'y développe une grande diversité des pratiques : peinture, sculpture, assemblage, installation, vidéo, performance, hybridation des techniques, etc. Les notions de lieu, de mémoire, d'héritage, de trace, d'identité, de fragmentation, sont souvent communes à ces artistes.
(Coll. Local et Global, 21.00 euros, 208 p.)
ISBN : 978-2-336-00613-0, ISBN EBOOK : 978-2-296-50789-0

HISTOIRE RELIGIEUSE DE LA GUADELOUPE AU XIXe SIÈCLE 1815-1911
Didon Max
Durant ce long XIXe siècle, la Guadeloupe connaît diverses mutations. La religion catholique prend une place incontestable et durable dans la société, ce qui lui octroie un pouvoir encadrant très fort et des domaines de compétences immenses. Ce livre, en retraçant l'évolution du fait religieux au XIXe siècle, aide à la compréhension de la formation de la société guadeloupéenne dans ses comportements et certaines de ses caractéristiques identitaires.
(28.00 euros, 270 p.)
ISBN : 978-2-336-00287-3, ISBN EBOOK : 978-2-296-50671-8

PHILIBERT DUFÉAL
Militant communiste et syndicaliste martiniquais
Constant André, Barclay René, Claire Sylvestre Anique, Sméralda Juliette
La période couverte par l'histoire de vie de Philibert Duféal est d'importance pour qui veut comprendre les mentalités martiniquaises. C'est bien la dramatique situation sociale des Antilles qui a poussé les communistes - qui ont occupé le devant de la scène politique pendant près d'un demi-siècle - à rechercher dans le surréalisme et le communisme les instruments critiques qui leur faisait défaut.
(38.00 euros, 388 p.)
ISBN : 978-2-296-99649-6, ISBN EBOOK : 978-2-296-50761-6

OUTRE-MER ET DEVISE RÉPUBLICAINE
Sous la direction de Pierre Lise et Ferdinand Mélin-Soucramanien
Les rapports entre les outre-mer et la République française sont ambigus, faits d'attirances réciproques et parfois de rejets violents. Ce livre confronte la réalité institutionnelle, économique, politique et sociale des outre-mer à l'ambitieux programme affiché par l'article 72-3 de la Constitution française qui dispose

que : «La République reconnaît, au sein du peuple français, les populations d'outre-mer, dans un idéal commun de liberté, d'égalité et de fraternité».
(Coll. Logiques Juridiques, 23.00 euros, 232 p.)
ISBN : 978-2-296-99693-9, ISBN EBOOK : 978-2-296-50392-2

VOIX (LA) DES ESCLAVES – Foi et société aux Antilles – XVIIe-XIXe siècle
Chauleau Liliane
Cadre juridique et position de l'Église conditionnaient la situation et la vie des esclaves aux Antilles... Vie d'interminable travail dans l'habitation, marquée par la rigueur des châtiments. Mais aussi vie propre que déterminait la forte personnalité de l'esclave. Vie religieuse aussi avec sa vivante participation aux cérémonies religieuses. L'intérêt de cette étude est de constater ce qui a été transmis à la société antillaise de nos jours et ce qui subsiste aussi sur le plan de l'expression de la foi.
(Coll. Le Monde de la Vie Quotidienne, 17.00 euros, 168 p.)
ISBN : 978-2-336-00069-5, ISBN EBOOK : 978-2-296-50478-3

DES CONTES DE TI JEAN... – Aux réalités de la Martinique
Colombo Christine - Préface d'Éric Navet
Le conte créole a été véhiculé grâce à de vieux conteurs qui ont su faire vivre, jusqu'à nos jours, l'un des héros les plus populaires : Ti Jean. Cet enfant malin, grâce à la ruse, nous entraîne de conte en conte. Dans cette aventure, l'auteure nous fait découvrir les réalités de l'île de la Martinique depuis Christophe Colomb jusqu'à ce siècle, en passant par la colonisation, l'esclavage et son abolition, la départementalisation...
(39.00 euros, 396 p.)
ISBN : 978-2-296-99172-9, ISBN EBOOK : 978-2-296-50316-8

ADMINISTRATION (L') DU TERRITOIRE EN GUADELOUPE DEPUIS LE XVIIIᵉ SIÈCLE
Études réunies en hommage au doyen Christian Thérésine
Sous la direction de Didier Destouches
La décentralisation outre-mer a représenté un progrès politique et juridique indéniable en Guadeloupe, mais elle a entraîné des demandes d'adaptation des lois et règlements nationaux et d'accroissement des compétences territoriales. Quelles leçons tirer du passé de l'organisation administrative et institutionnelle en Guadeloupe ? Quels sont les usages et pratiques des compétences des collectivités locales et comment les évaluer ? Quelles sont les forces et les faiblesses structurelles de l'administration territoriale ?
(Coll. Logiques Juridiques, 24.50 euros, 236 p.)
ISBN : 978-2-296-99209-2, ISBN EBOOK : 978-2-296-50169-0

HAÏTI – Les grands chantiers
Pauyo Nicolas-L - Préface de Jacques Vialat
Ce livre porte sur la reconstruction du pays haïtien, affecté par le tremblement de terre du 12 janvier 2010 qui a fait 300 000 morts et un million et demi de sans-abri. L'auteur y donne la parole à de nombreux techniciens et experts en matière de reconstruction et propose une vue d'ensemble du travail pharaonique en train d'être accompli tant pas les Haïtiens que par la

communauté internationale. Il offre une vision modérée et positive de l'avenir d'Haïti dans le concert des nations.
(34.00 euros, 328 p.)
ISBN : 978-2-296-99621-2, ISBN EBOOK : 978-2-296-50216-1

IREZUMI – L'art japonais du tatouage
Chandok Singh
Ce voyage au pays du Soleil levant, à la découverte d'une culture millénaire et fascinante, celle du tatouage, nous mène au cœur de cet art ancestral. Le tatouage japonais est une parabole culturelle d'un pays où patience et minutie sont des vertus essentielles. C'est ce monde unique et fascinant que nous vous proposons de découvrir au travers des portraits de deux maîtres du tatouage et de leurs élèves. Un univers fait de traditions, de secrets et de spiritualité.
(20.00 euros)   *ISBN : 9782-296-56765-8*

LIBRES (LES) DE COULEUR EN MARTINIQUE (Tome 1)
Des origines à la veille de la Révolution française 1635-1788
Louis Abel A.
Si les libres de couleur furent assimilés dès 1685 aux sujets naturels du royaume de France, avec les mêmes droits, privilèges et immunités, ils ne purent pourtant ensuite exercer comme les Blancs, certaines charges honorifiques et fonctions publiques, certaines professions libérales, certains postes dans la milice (officiers) et certains métiers lucratifs et valorisants jusqu'aux prémices de la Révolution française. Cet ouvrage relate donc l'incroyable histoire d'une composante de la société coloniale martiniquaise naviguant entre deux mondes que tout oppose, les Blancs et les esclaves.
(Coll. Historiques, 38.00 euros, 384 p.)   *ISBN : 978-2-296-96560-7*

LIBRES (LES) DE COULEUR EN MARTINIQUE (Tome 2)
Quand Révolution et retour à «l'Ancien Régime» riment avec ségrégation 1789-1802
Louis Abel A.
Cet ouvrage démontre comment la ségrégation perdure en dépit de l'impact de la Révolution française dans l'île et à cause surtout du maintien de l'esclavage en Martinique entre 1789 et septembre 1802. En dépit de certaines velléités égalitaires durant la période révolutionnaire, de la participation d'une partie non négligeable des libres de couleur à la défense de la République française, ils sont demeurés dans un entre-deux discriminatoire et ségrégatif.
(Coll. Historiques, 25.00 euros, 240 p.)   *ISBN : 978-2-296-96561-4*

576291 - Septembre 2014
Achevé d'imprimer par